职业院校电子商务专业精品系列课程

农村电子商务

主　编　苏艳艳　韦凤清
副主编　黄　琛　黄蓉蓉　潘艳碧　陆海凤　陆科举
参　编　黄树棉　吴坚良　黄夏丽　潘春莲

中国财富出版社有限公司

图书在版编目（CIP）数据

农村电子商务 / 苏艳艳，韦风清主编 . — 北京：中国财富出版社有限公司，2022.12（2024.9 重印）

（职业院校电子商务专业精品系列课程）

ISBN 978-7-5047-7411-8

Ⅰ . ①农… Ⅱ . ①苏… ②韦… Ⅲ . ①农村—电子商务—高等职业教育—教材 Ⅳ . ① F713.36

中国版本图书馆 CIP 数据核字（2021）第 063899 号

策划编辑	李彩琴	**责任编辑**	孟　杨	**版权编辑**	李　洋
责任印制	梁　凡	**责任校对**	孙丽丽	**责任发行**	董　倩

出版发行	中国财富出版社有限公司		
社　　址	北京市丰台区南四环西路 188 号 5 区 20 楼	**邮政编码**	100070
电　　话	010-52227588 转 2098（发行部）		010-52227588 转 321（总编室）
	010-52227566（24 小时读者服务）		010-52227588 转 305（质检部）
网　　址	http：//www.cfpress.com.cn	**排　　版**	宝蕾元
经　　销	新华书店	**印　　刷**	宝蕾元仁浩（天津）印刷有限公司
书　　号	ISBN 978-7-5047-7411-8/F · 3503		
开　　本	787mm × 1092mm　1/16	**版　　次**	2022 年 12 月第 1 版
印　　张	13.75	**印　　次**	2024 年 9 月第 3 次印刷
字　　数	224 千字	**定　　价**	45.00 元

内容提要

本书共分为八个项目，在充分考虑学生学习习惯、学习需求的前提下，循序渐进地介绍了农产品电商认知、农产品电商的人才需求、农产品社交推广、农产品营销策划与设计、农产品品牌策划与管理、客户关系管理、农产品网店数据分析以及综合案例分析。

本书在编写过程中努力做到理论联系实际，力求为学生提供有益的指导，引导学生掌握农村电子商务运营相关知识和技能，并在每个项目中安排了“课程思政”，以培养学生的社会责任感与民族自信心。

本书可作为中高等职业学校电子商务等专业的教材，也可作为农村电子商务从业人员的参考用书。

前　言

发展农村电子商务是转变农业发展方式的重要手段，农产品电商是精准扶贫的重要载体。通过大众创业、万众创新，发挥市场机制作用，加快农村电子商务发展，把实体店与电商有机结合，让实体经济与互联网产生叠加效应，有利于促进消费、扩大内需，推动农业升级、农村发展和农民增收。

目前，随着互联网的普及和农村基础设施的逐步完善，我国农产品电商正在稳步发展，电商模式不断创新，服务内容不断丰富，电商交易规模不断扩大。但总体来看，我国农村电子商务仍处于起步阶段，存在市场主体发育不健全、发展环境不完善、人才匮乏以及人才培养配套教材较少等问题。

基于此，国家与市场急需大量农产品电商人才，以推动农村电子商务的发展，进而深化农产品交易改革、促进农产品电商化进程。人才培养的需求，导致对与之相匹配的教材与教学体系的需求。目前，国内缺少能够匹配农业电商人才培养目标的教材与教学体系。为此，编者特推出本书，以满足国内市场需求和人才培养需求，助力农产品电商发展。

本书由电子商务与农业电商教学领域的众多专家、学者以及实践者共同编写而成。内容紧扣农产品电商从业者需求，合理部署理论与实操内容（重实操），希望可以为推动农村电子商务现代化发展、农民创业就业、开拓农产品消费市场等贡献绵薄之力。

由于电子商务行业发展日新月异，编写团队水平也有所限，书中难免有不当之处，敬请专家和读者批评指正。

编者

2022年11月

目　录

项目一　农产品电商认知 …… 1
子项目一　农产品电商认知 …… 2
子项目二　农产品电商模式 …… 14
项目二　农产品电商的人才需求 …… 28
子项目一　农产品电商行业的岗位职责与要求 …… 29
子项目二　农产品电商从业者职业技能要求 …… 38
项目三　农产品社交推广 …… 48
子项目一　微博推广 …… 49
子项目二　微信公众号推广 …… 61
子项目三　社群推广 …… 75
项目四　农产品营销策划与设计 …… 87
子项目一　农产品特色挖掘 …… 88
子项目二　农产品营销策划 …… 94
项目五　农产品品牌策划与管理 …… 108
子项目一　品牌概述 …… 109
子项目二　品牌定位与设计 …… 113
子项目三　品牌传播与管理 …… 120
项目六　客户关系管理 …… 132
子项目一　客户关系基础认知 …… 133

子项目二　农产品电商售前服务 …… 139
子项目三　农产品电商售后服务 …… 146
项目七　农产品网店数据分析 …… 157
子项目一　农产品网店推广传播数据分析 …… 158
子项目二　农产品网店推广转化数据分析 …… 170
项目八　综合案例分析 …… 182
子项目一　微博活动营销案例分析 …… 183
子项目二　微信公众号软文营销案例分析 …… 189
子项目三　社群转发营销案例分析 …… 195
参考文献 …… 210

项目一　农产品电商认知

微信扫一扫
码上就能学
教学设计·项目一

随着互联网技术的普及和农业产业化发展，农产品电商发展势头强劲。在电商发展的潮流下，电子商务正逐步渗透到农产品的各个角落，建立农业电子商务网站，构建网上交易平台已是大势所趋。很多偏远地区抓住机遇，利用自身的技术、人才、品牌、资源以及线上线下推广渠道，支持农产品电商发展壮大，实现“网货下乡”与“农产品进城”的双向流通。可以说，农产品与互联网相结合，将拓宽农产品销路、提高农业从业者经济收益、促进农业农村经济持续健康发展。

本项目包含两个子项目，共计五个学习任务。

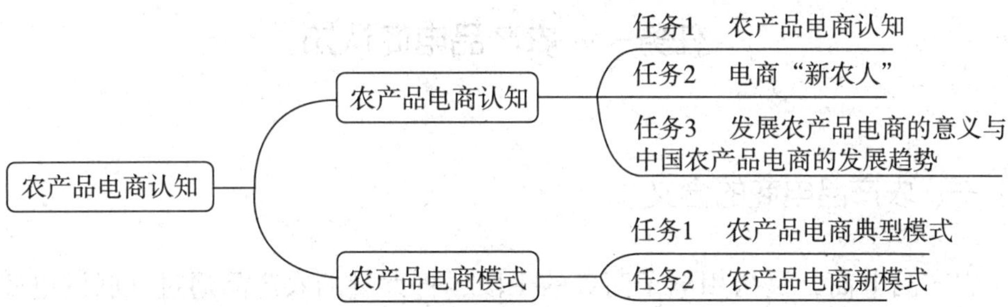

学习目标

微信扫一扫
码上就能学
教学课件·项目一

※ 知识目标

1. 了解农产品电商的含义。

2. 明确农产品电商经营的核心环节。

3. 了解农产品电商“新农人”需具备的素质。

4. 了解发展农产品电商的意义与中国农产品电商的发展趋势。

5. 认识农产品电商模式。

❖ 能力目标

能够列举出不同农产品电商模式的代表性平台。

❖ 思政目标

了解农产品电商的政策红利。

项目导入

刘君是一名农业从业者，在电商助农大趋势下，为了拓宽自产农产品销路、增加家庭收入，他决定通过网络销售自产农产品。目前刘君面临的现实问题是，虽然他很了解农产品种植等环节，但并不熟悉农产品电商。为此，他通过学习，归纳出以下内容。

子项目一　农产品电商认知

任务一　农产品电商认知

一、农产品电商的含义

农产品电商，是指用电子商务的手段，将大量的农产品通过互联网电商平台出售给用户，以提升农产品销量及提高农业从业者收入的新型农产品交易方式。简而言之，农产品电商即通过网络平台将农产品销售给用户。

如今，农产品在网络上销售的例子比比皆是。比如，在淘宝搜索关键词“南宁农产品”，可以在商品展示页看到诸多南宁的农产品，如图1–1所示。这些商品的经营主体可以是普通农民，也可以是生产企业或者农民专业合作社等。

网上出售的农产品包括以下两种：未经加工的农产品，如沃柑；经初加工的农产品，如经过脱水、晾晒后的笋干。如图1–2所示。

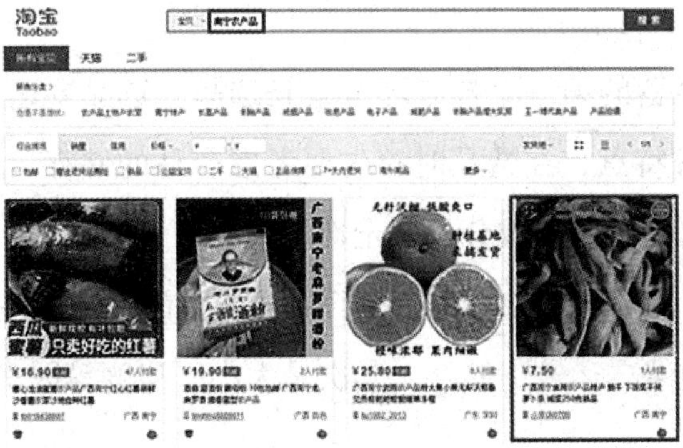

图1-1　淘宝搜索关键词“南宁农产品”页面截图

图1-2　未经加工的农产品与经初加工的农产品示例

二、农产品电商经营的核心环节

农产品电商经营的核心环节包括选品、采摘、分拣、质检、储存、包装、营销、配送、售后，如图1-3所示。

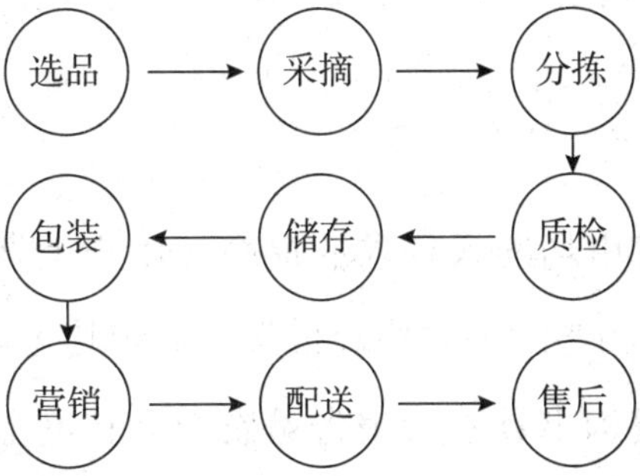

图1-3　农产品电商经营的核心环节

1. 选品

农产品电商经营的第一个核心环节就是选品。选品要谨慎，因农产品具有地域性、季节性等特点，在选品时首先要考虑产品的储存、运输、包装，其次是产品的外观、口感、营养成分、安全性等。

比如，广西地区的“一年两熟”葡萄，在选品时就要根据客户的不同需求优先考虑葡萄的包装、运输、储存，其次是大小、甜度等因素。

2. 采摘

完成选品后，进行采摘时除了要考虑产品的上市时间及客户需求等因素，也要注意采摘时间、天气情况等。

以广西冬葡萄为例，进行采摘时要根据不同的品种、不同的成熟期，设定不同的最佳采摘期。比如，巨峰葡萄的成熟期一般是在12月25日至次年1月15日，所以这段时间为最佳采摘期；而夏黑葡萄成熟期一般是在12月1日至20日，所以这段时间为最佳采摘期。此外，对于冬葡萄的采摘应在早晨果面露水干后进行，阴天、雾天、雨天等不宜进行采摘。

3. 分拣

采摘完成后，还需要对收获的产品进行分拣。对即将在网上销售的农产品，利用人工或专业的分拣设备将产品划分品级，比如针对产品的大小、品质、口感、外观等进行流水线分拣，以满足用户的个性化消费需求、提升产品价值、深化产品品牌，进而提高产品在市场中的销售份额。

目前，某些知名品牌的水果电商，利用先进的水果分拣设备，采用光学分选系统自动识别产品颜色、形状、表皮瑕疵，并对通过流水线的水果进行光谱测糖，得到果实的果肉密度、水分含量、糖分含量，精准区分每个水果的甜度。如图1–4所示。

4. 质检

质检的需求是随着市场准入要求的提高、用户消费理念的完善而产生的。各类农产品在网上进行销售时需要检验报告来证明其无毒、无害、无农药残留，因此，选择权威质检机构出具检验报告是农产品在网上进行销售的有力保障，如图1–5所示。

此外，对产品进行严格的质检，能够避免不合格的产品流向市场，从而促进产品的标准化。质量安全、可靠、有保证的产品也能够为商家积累信誉，提升用户的好感度，增加其在网上的销量。

图1-4　某品牌水果光谱测糖技术示例

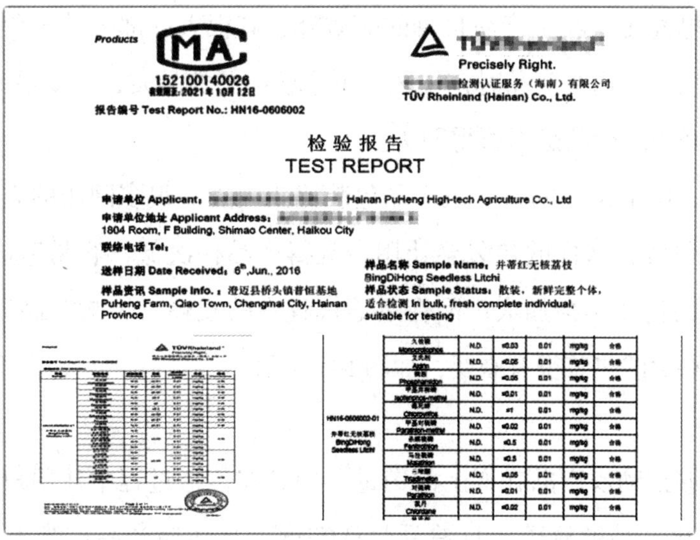

Products

CMA

152100140026

报告编号 Test Report No.: HN16-0606002

Precisely Right.

检测认证服务（海南）有限公司

TÜV Rheinland (Hainan) Co., Ltd.

检 验 报 告

TEST REPORT

申请单位 Applicant: Hainan PuHeng High-tech Agriculture Co., Ltd

申请单位地址 Applicant Address: 1804 Room, F Building, Shimao Center, Haikou City

联络电话 Tel:

送样日期 Date Received: 6th Jun., 2016

样品资讯 Sample Info.: 澄迈县桥头镇普恒基地 PuHeng Farm, Qiao Town, Chengmai City, Hainan Province

样品名称 Sample Name: 井蒂红无核荔枝 BingDiHong Seedless Litchi

样品状态 Sample Status: 散装，新鲜完整个体，适合检测 In bulk, fresh complete individual, suitable for testing

图1-5　农产品检验报告示例

5. **储存**

大多数农产品，如水果、蔬菜等都容易变质，因此，农产品的储存是农产品电商需要注意的核心环节之一。在实际经营时，不同的产品应遵循不同的储存条件。农产品供应商在自身条件无法满足的情况下，可以寻求能够提供先进保鲜技术和保鲜手段的仓储平台，以延缓农产品的腐坏。农产品仓储保鲜冷链设施建设如图1-6所示。

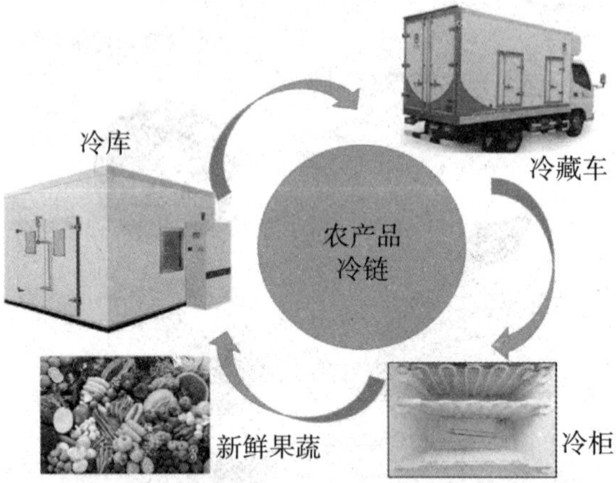

图1-6　农产品仓储保鲜冷链设施建设示例

6. 包装

农产品电商化，除了产品自身的品质外，其很大一部分外延价值取决于产品的包装。用户在购买产品时，往往并不了解产品的品质，需要借助产品包装、文字说明等来判断产品是否值得购买。

现阶段，网上销售的一些农产品包装比较简陋。很多网店的农产品仅用纸箱进行简单包装，这样的包装会让用户觉得产品档次低，容易造成用户流失。另外，简陋的包装，会加大产品在运输过程中的损耗，影响产品质量。因此，选择实用、科学的包装很有必要，如图1-7所示。

7. 营销

营销能够推动农产品在网上的销量，使其在传播过程中让用户了解品牌形象、品牌文化、品牌故事，打造品牌认知度，从而使产品广为人知。随着移动互联网的发展，基于移动终端和社交媒体的营销模式已逐步构建，在进行农产品营销时，可以利用线上社交媒体（微信、微博等）和淘宝、京东、微店等电商平台，通过线下搭建产销“直通车”，实现线上线下优势互补的立体营销。

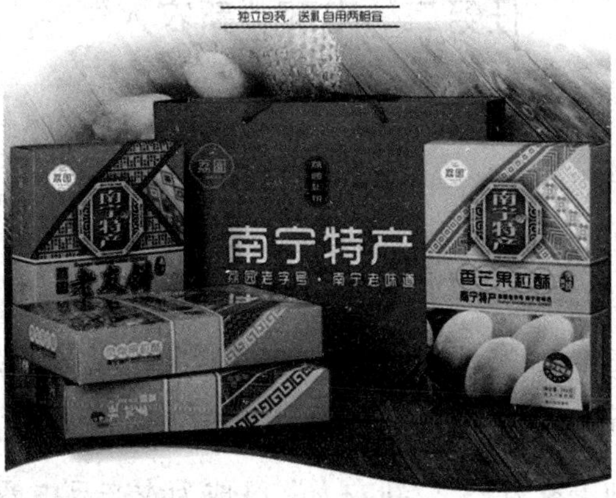

图1–7　农产品优质包装示例

8. **配送**

区别于其他品类的产品，农产品电商的配送环节尤为重要。除了用户对时效的要求外，多数农产品自身就有保鲜的需求，这使得农产品对物流运输的时效性、保鲜性等要求较高，因此，农产品冷链物流配送对农产品电商具有重要意义。如图1–8所示。

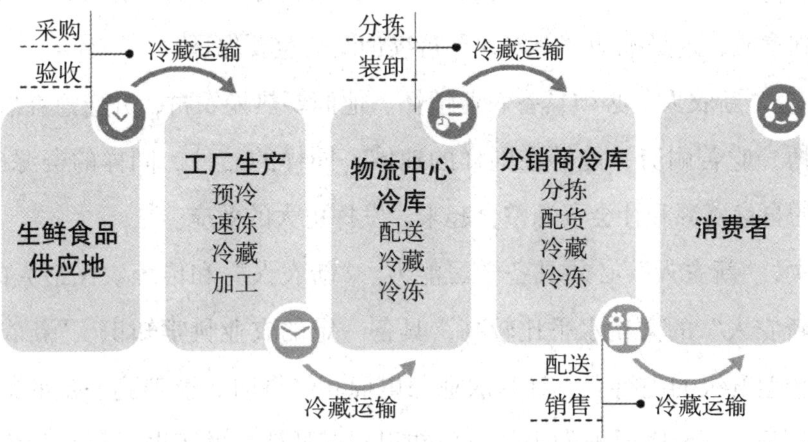

图1–8　农产品冷链物流配送

9. **售后**

售后是指在农产品通过网络出售后所提供的服务。产品出售以后商家所提供的各种服务不容忽视，虽然在整个农产品销售过程中售后处于末端，但好的售后能够为用户带来较好的网购体验，有望为网店积累粉丝用户，从而提高回购率。

任务二　电商“新农人”

一、什么是“新农人”

“新农人”是指具有科学文化素质、掌握现代农业生产技能、具备一定经营管理能力，以农业生产、经营或服务作为主要职业，以农业收入作为主要生活来源，居住在农村或城市的农业从业人员。他们不断借力壮大的各个电商平台，把各地农产品推广到千家万户。“新农人”已成为农产品电商的一支生力军。

二、农产品电商“新农人”需具备的素质

“新农人”属于农民，却与传统农民有着非常大的差别。“新农人”是农民的新群体，是农业的新业态，是农村的新细胞。想要成为一名合格的“新农人”，应该具备怎样的素质呢？

1.基础素质

相比传统农民，“新农人”普遍需要具备农业情怀、学习能力、冒险精神等一些基础素质，这是推动“新农人”持续创新的重要保证。

首先，“新农人”必须具备农业情怀。他们要热爱农村，并愿意在农业领域奋斗拼搏、吃苦耐劳，能够在同样的地域、同样的品种、同样的资源条件下，把原有的自然资源和社会资源整合起来，发挥更大的效应。

其次，“新农人”必须具备学习能力。“新农人”和传统农民最大的区别，就是“新农人”的文化水平比较高，具备一定的农业科学知识。“新农人”作为农业转型升级的先行者，在将农业与电商相结合时，会遇到一定的知识难点与技术瓶颈，这就需要他们去学习新知识与新技能，并不断进行现代农业知识的更新，开拓新思想，愿意用自己所掌握的知识和经验去帮助更多的农人取得进步。

最后，“新农人”必须具备冒险精神。“新农人”要正确评估风险，有应对不可控风险的能力，还要能持之以恒，不能因失败就退缩，也不能看到机会就一哄而上。

2. 专业素质

专业素质是“新农人”的核心素质。互联网与农产品相融合形成了农产品电商，使“新农人”可通过更加扁平化的方式面对用户，真正改变农业供应链各环节并提高效率。“新农人”在这个过程中，需要更多地运用互联网思维考虑农产品的生产、储存、销售、营销、配送、售后等一系列问题。这就要求“新农人”具备专业的电商知识，掌握丰富的农业生产技能，利用科技手段从事农业生产，不断提高生产效率。

3. 能力素质

“新农人”应具备的能力素质包括现代农业生产能力、市场对接能力、经营管理能力及新媒体营销能力。

（1）现代农业生产能力

农产品电商已成为传统农业的新增长极，推动传统农业聚变，改变农业生态圈，助推生态农业发展，也就是发展资源节约型和环境友好型的绿色产业。国家在土壤、水质、生物多样性和食品安全等方面均出台了各项标准，这些标准，既针对农产品本身，也针对农产品的生产和加工过程。应需而生，为了使农产品符合这些标准，农产品电商“新农人”需要具备现代农业生产能力，比如为葡萄种植园建立葡萄生产全程智能监控室，浇水、施肥、判断土壤酸碱度等都采用智能化预测预报预警系统，不再仅凭经验做决策。

（2）市场对接能力

如何将市场需求与农业生产有效对接，是需要解决的核心问题。农产品电商无疑为这个问题提供了最好的解决渠道。得益于互联网的高效性与普遍性，“新农人”需要借助互联网平台，完善自身在这种大环境下市场对接能力，改变传统农民信息获取能力差的状况，给农产品插上互联网的“翅膀”，使农产品直达用户。

（3）经营管理能力

无论是集约型农产品，还是“小而美”的精品农产品，在农产品电商化的发展趋势下，消除产品同质化，跳出品类竞争的藩篱，加快农产品品牌化进程迫在眉睫。这就意味着“新农人”要像经营公司一样经营管理农地，全方位打造具有特色的农产品品牌，形成品牌效应，从而摆脱中间商的束缚，获取更多的利润。

（4）新媒体营销能力

新媒体营销已经成为现代营销模式中最重要的部分，想要把优质的农产品销售出去，实现价值，就要通过一定的营销手段。应需而生，“新农人”必须懂得产销对接的营销模式，以及熟练掌握一些新媒体营销的方法和技巧，如微博营销、短视频营销、微信营销、直播营销等。

任务三　发展农产品电商的意义与中国农产品电商的发展趋势

一、发展农产品电商的意义

发展农产品电商的意义主要体现在以下四个方面。

1.缩短产品流通链

传统农产品销售主要依赖于批发市场，农产品到达用户手中需要经过多级批发商的供应来实现，而批发市场因规模大，商品集散、价格形成及供需调节能力强，附加值较高。相比之下，农产品电商是通过电商平台，让生产者和消费者进行直接交流，迅速了解市场信息，自主地进行交易，大大加强了产品自销能力和风险抵抗能力，降低了对传统批发商的依赖。农产品电商减少了中间环节，缩短了产品流通链，形成了“生产者—农村销售合作组织—电子商务批发市场—（网络）零售商—消费者”的新型电子商务流通链，加速了农产品和信息的流动。

2.降低农产品的流通成本

农产品电商通过减少农产品流通的中间环节，不仅降低了农产品流通的运输保鲜成本和时间成本，还节约了交易中介的运营费用及抽取的利润。同时，通过电商平台，生产者能直接、迅速、准确地了解市场需求，生产出适销、适量的农产品，避免因产品过剩而导致超额的运输、储藏、加工及损耗成本，节约了信息收集成本、摊位费、产品陈列费、询价议价成本及因信息滞后造成的风险成本等。

3.健全市场价格形成机制

市场分割、信息不对称、缺乏充分竞争的市场环境是农产品价格不稳定的主要因素。通过电商平台，各地的农产品批发市场能相互连通，形成全国性的农产品流通大市场。同时，电商自动化大大减少了人工成本和人工干预，使交易的边际成本接近于零，让每一个交易者都享有平等的信息获取和交易机会，保证了市场高度的透明性和公平性。因此，电商可以打破信息闭塞、市场割据的局面，构建规模大、信息流畅、透明度高、竞争充分的全国农产品统一市场，建立健全有效的市场价格形成机制。

4. 完善市场信息服务功能

我国已开发和建立了各类农业信息服务平台，主要从各农产品市场中获取最新的信息，进行筛选、加工、处理，提供原始的或经过分析处理的有用信息。而电商平台作为信息发布前台，将各类信息进行整合、发布，并与其他农产品市场进行信息联网，使用户能从同一平台上获得即时、全面、有价值的信息。另外，电商平台还能提供各类信息增值服务，如信息的搜索、查询，同类农产品销量、价格等数据的汇总和比较等，帮助用户降低信息收集成本，提高信息利用率，满足用户的多样化需求。

二、中国农产品电商的发展趋势

中国农产品电商的发展呈现出以下七大趋势。

1. 数字化发展趋势

2021—2025年是中国数字乡村建设的第二阶段，数字农产品电商的发展是全面乡村振兴建设以及数字乡村建设的重要内容。2020年，新冠肺炎疫情倒逼中国数字经济发展，也使农产品电商呈现井喷式发展。

2020年7月，农业农村部印发《全国乡村产业发展规划（2020—2025年）》，强调要以信息技术带动乡村产业多业态融合，发展数字农业、智慧农业。同年10月，中央网信办、农业农村部、国家发展改革委、工业和信息化部、科技部、市场监管总局、国务院扶贫办联合印发《关于公布国家数字乡村试点地区名单的通知》，公布了首批国家数字乡村试点地区名单，并对抓紧组织开展试点工作提出了具体要求。数字乡村发展作为乡村振兴战略的重要内容，将进入全面推进阶段。

2. 品牌化发展趋势

品牌农业的发展，促进了农产品品牌化的发展，以及农产品“三品一标”[①]为主要内容的高质量发展，满足了人们对美好品质生活的需要。品牌化是提升农产品价值链的重要趋势。大农业、大食品、大健康产业的深度融合，移动互联、冷链物流、大数据等技术的广泛运用，基础设施快速完善，质量兴农、品牌强农、供给侧结构性改革等政策的大力推进，为新时代中国农业的品牌化提供了最好的时代机遇和发展土壤。

目前，各省、市、县农业品牌建设如火如荼，大批农产品区域公用品牌不断涌现出来：武鸣沃柑、宁夏枸杞、吉林大米、湖南茶油、横县茉莉花、勐海普洱茶、容县沙田柚、兴安盟大米、伊川小米、乌兰察布马铃薯、盐池滩羊、洛川苹果等，品牌建设初见成效。

3. 融合化发展趋势

在产业深度上，现代农业不仅是第一产业的种植和养殖，还是第二产业的食品原料、快消食品，也可能是绿色安全的化工原料；在产业类型上，农业不仅是传统的劳作，还可以是第三产业的休闲、观光、亲子活动，以及健康养老、创意文化等。

2018年，农业农村部印发《农业农村部关于实施农村一二三产业融合发展推进行动的通知》；2019年，农业农村部确认153个县（市、区）为全国农村一二三产业融合发展先导区创建单位。这些标志着农村一二三产业融合发展的新格局，促进农民和农业企业持续增收。

4. 标准化发展趋势

农产品的标准化是农产品电商数字化的必然结果，也是农产品品牌化的根本保证。农产品标准化涉及种养加工、商品交易、物流配送、支付结算、体验场景、供应链、环境、卖场、空间、再生产资源、消费等因素，要实现在高度信息化条件下的“无缝对接”。

目前我国生鲜电商，更多以定向采购的方式与农产品基地合作，从筛选分

---

① “三品一标”：品种培优、品质提升、品牌打造和标准化生产。

级的标准化起步。比如，广西的冬葡萄，选用什么品种、何时施肥、施肥多少、何时采摘，都有严格的规定；武鸣沃柑，其色泽、大小及口感都必须符合上市出售的标准。

5.冷链化发展趋势

我国农产品冷链技术和水平与发达国家相比仍有一定差距。发达国家肉禽类产品的冷链流通率已经达到100%，蔬菜水果等产品的冷链流通率约为95%。

从发达国家的冷链物流来看，除了政府提供政策红利以外，更重要的是其把技术运用到了冷链物流的建设体系中来，比如智能化冷库、自动分拣、GPS技术、真空预冷或冰温预冷技术等，从而提高了冷链的整体效率及产品的保鲜度和安全性。

生鲜农产品的数量增长和质量提升，离不开冷链的高质量、精准化、品质化发展。我国冷链发展当前缺乏体系化建设，多头投资、重复建设、趋同投资导致冷链资源不均衡、不系统，因此，冷链体系化发展是未来的发展趋势，如图1-9所示。

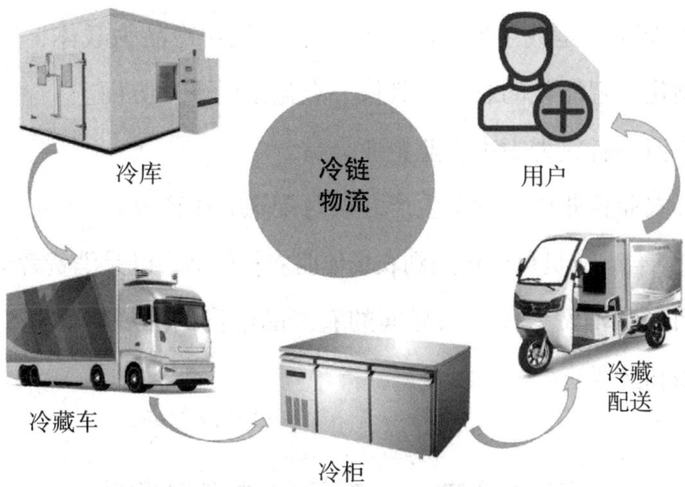

图1-9　冷链体系化发展示例

6.国际化发展趋势

农业国际化是经济全球化的必然产物，随着全球农业发展格局的深度调整，统筹国际国内两个市场、两种资源的农业，深入推进我国“互联网+农业”模式，使亿万小农户衔接上瞬息万变的大市场，构建新型经营主体，引导小农户破解发展瓶颈，进入发展大格局。如图1-10所示。

图1-10　中国茶出口国外示例

7.定制化发展趋势

未来的农业应该是数字农业，以绿色、有机农产品为载体，用会员制拓展用户，是定制化、智能化的农业。其核心点包括以下几方面。

（1）城市消费者成为中小农业企业会员。

（2）中小农业企业按照约定生产并按时配送农副产品。

（3）农旅结合，会员可以定期到农场体验农耕生活，既是消费者也是生产者。

这种以市场和消费者需求为导向的农产品电商的发展将促进传统农业向现代农业的转型和升级。

子项目二　农产品电商模式

任务一　农产品电商典型模式

农产品电商典型模式主要有三种，包括B2B模式、B2C模式和O2O模式。

一、B2B模式

B2B模式，即商家（泛指企业）对商家的模式，是商家到农户或一级批发市场集中采购农产品，然后分发配送给中小农产品经销商的行为。这类模式主要是为中小农产品经销商提供便利，节省其采购和运输成本。如图1-11所示。

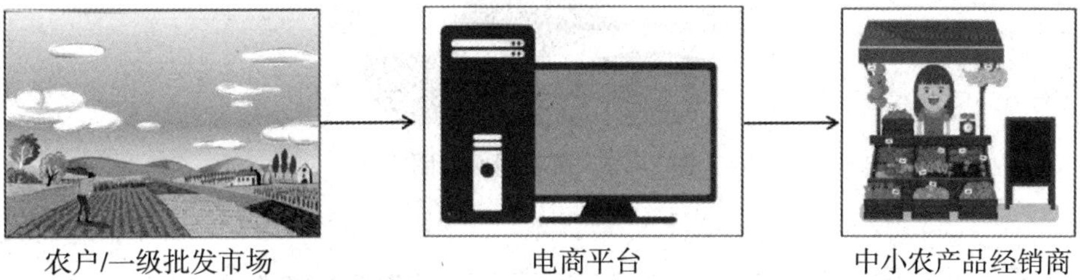

图1-11　B2B模式

B2B模式的优势体现在以下几个方面。

1. 降低采购成本

采购方企业通过与供应商建立企业间的B2B模式，实现网上自动采购，可以减少双方为进行交易投入的人力、物力和财力。另外，采购方企业可以通过整合企业内部的采购体系，统一向供应商采购，实现批量采购，获得价格折扣。

2. 降低库存成本

B2B模式的订单处理更快、更准确，实现以销定产、以产定供，并尽可能控制库存，使库存动态更新。

3. 完善供应链管理

B2B模式中，企业可以控制自己的采购、生产、销售和运输，并与其他企业保持业务往来和贸易关系，尽可能节省运营成本。

4. 增加新商机，开拓新市场

B2B模式的代表电商平台有“一亩田”“惠农网”“绿谷网”。

惠农网致力于农产品交易和信息化服务。如图1-12所示。惠农网平台包含水果、蔬菜、水产、种子种苗、农资农机、农副加工等类目，涵盖了2万多种常规农产品。该平台为农产品交易提供了一个安全可靠的环境。农户不仅可以在平台上免费建立商铺，也可以发布农产品求购信息。如图1-13所示。

图1-12 惠农网App图标

图1-13 惠农网首页页面截图

二、B2C模式

B2C模式，即商家到消费者的模式，是批发商、零售商等通过电商平台将农产品直接卖给消费者，或者垂直电商平台直接从农户处采购农产品，然后卖给消费者的过程。如图1-14所示。

B2C模式为当前农产品电商的主流模式，具体可细分为以下两种类型。

①平台型B2C模式，如天猫、京东、淘宝。

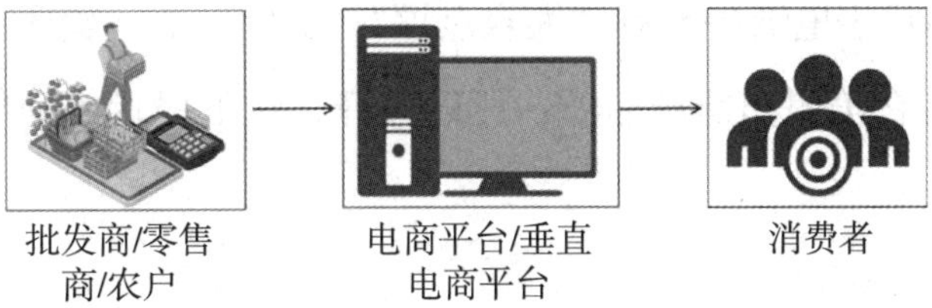

图1-14　B2C模式

平台型B2C模式中的电商平台主要盈利来源于产品销售利润、平台入驻费用等。该模式中的电商平台扮演了中介的角色，虽然无需承担压货的风险，但是对其流量和供应链要求较高。

②垂直型B2C模式，如我买网、本来生活、顺丰优选。

垂直型B2C模式中的顺丰优选，是由顺丰速运倾力打造，以全球优质、安全美食为主的网购商城。如图1-15所示。

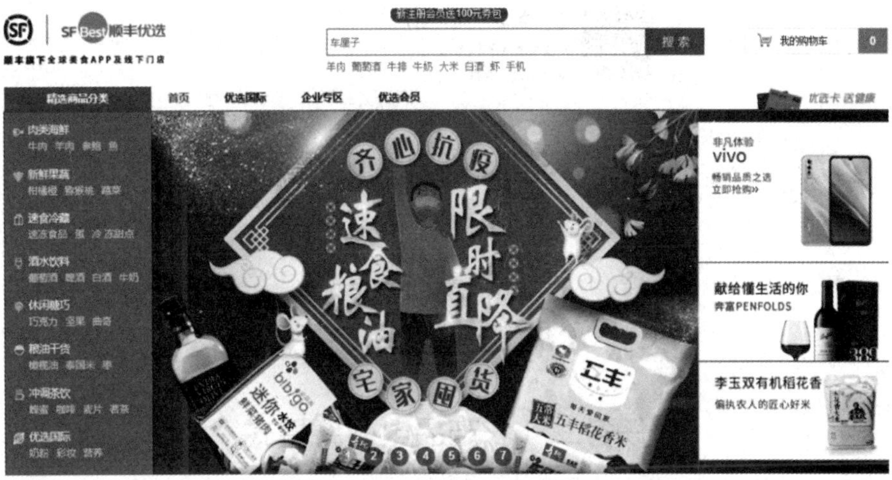

图1-15　顺丰优选首页页面截图

三、O2O模式

O2O模式是线上线下相结合的电商模式，即消费者在线上买单后到线下实体店取货或选择配送到家的模式。该模式的盈利主要来源于产品的销售利润。O2O模式的优点是满足消费者需求，配送方便、快捷，实现更短、更快、更干净的农产品销售模式。

O2O模式的代表电商平台有“大众点评”“美团”等。美团有生鲜果蔬团购的类目，消费者在美团团购产品后，可以选择在线下提货或到店进行消费。如图1–16所示。

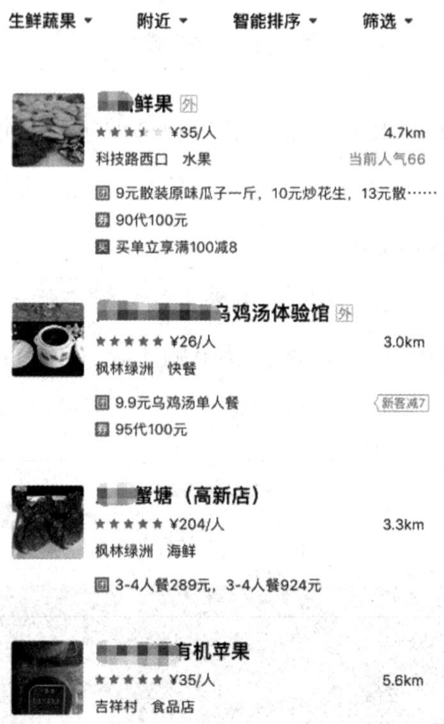

图1–16 美团团购示例

任务二 农产品电商新模式

随着新零售时代以及智能时代的到来，消费者对产品的品质越来越重视，个性化消费需求越来越多，企业如何满足消费者的新需求已成为企业发展的新突破口，电商新模式由此诞生。

一、F2C模式

F2C模式，也称为农场直供模式，产品从农场（原产地）直接配送到消费者手上，从源头保质保量，省去中间环节，让消费者以更优惠的价格买到产品，实现了农场与消费者之间零距离营销，减少了农场与渠道和消费者之间的层层壁垒。F2C模式的盈利主要来源于产品的售卖利润。F2C模式可以快速建立消费者的信任感，但是受制于场地和非标准化生产的影响，市场空间有限。如图1–17所示。

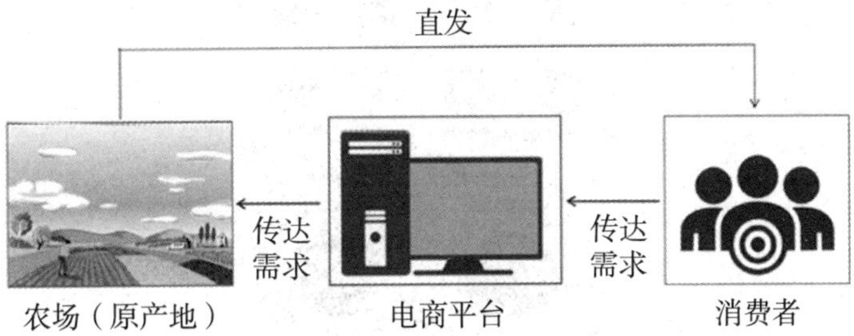

图1–17　F2C模式

F2C模式有以下优点。

1. 对消费者来说

F2C模式最大的优势就是减少了中间环节，对于消费者来说可以享受更直接的售后服务，还能从中了解农场生产该产品的相关信息。从农场直接到消费者，让消费者能直接购买到超品质、低价位、高性价比的产品。

2. 对农场来说

F2C模式减少了中间环节等于降低了成本，一方面，由于产品优势和价格优势，对于农场来说，能不断增加消费者，从而提升产品销量；另一方面，农场直接对接消费者可以更了解消费者的需求，从而根据消费者的诉求生产相关产品，形成全民定制的消费大格局。

"沱沱工社"是典型的F2C模式，其以有机农业为切入点，建立起从事"有机、天然、高品质"食品销售的垂直生鲜电商平台，满足了北京、上海等一线城市的中高端消费者对安全食品的需求。沱沱工社自建有近万平方米集冷藏库、冷冻库和加工车间为一体的现代化仓储配送物流中心，采用冷链物流到家的配送运作模式，将新鲜的食品精准交付给消费者。

消费者通过沱沱工社移动端微信小程序，可以直接选购、下单来自农场自产自销的产品。如图1–18所示。

图 1–18　沱沱工社移动端微信小程序页面截图

二、C2B/C2F 模式

C2B/C2F 模式，即消费者定制模式，是农场（原产地）根据会员的订单需求生产相应数量、品种的农产品，然后再以家庭配送的方式将农产品送至会员处。如图 1–19 所示。该模式的主要盈利来源于收取会员费。由于农场（原产地）是根据订单需求生产农产品，因此经营风险较小，但是受制于场地和非标准化生产的影响，市场发展空间有限。

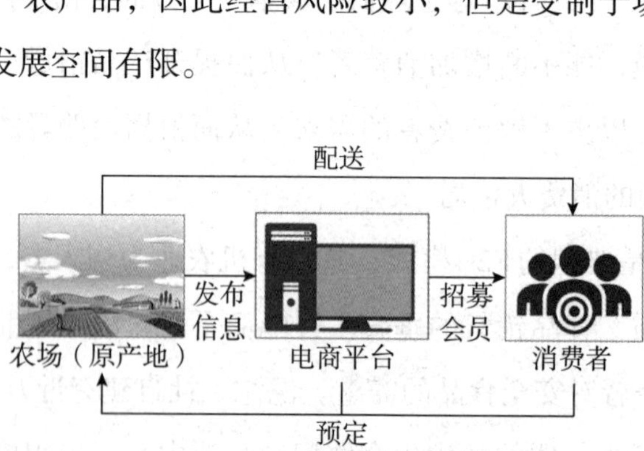

图 1–19　C2B/C2F 模式

C2B/C2F 模式的运作流程大致分以下四个步骤。

①农场（原产地）的农业种植及饲养形成规模。

②农场（原产地）通过电商平台发布农产品信息来招募会员。

③会员预定产品，形成订单。

④农场（原产地）根据订单生产及配送。

“多利农庄”是C2B/C2F模式的代表性电商平台。多利农庄聚集了大量的会员，会员在平台购买产品后，平台遵循“从田间到餐桌”的直供会员服务，为会员进行快速配送，以保证食材的新鲜。如图1–20所示。

图1–20　“多利农庄”移动端微信商城页面截图

不同的电商模式各有优劣，农场（原产地）需基于销售的农产品种类，可根据农产品的特点，如运输需求、产品保鲜需求等来选择适合的电商模式。对于农产品电商的发展而言，营销、产品、服务等都是至关重要的驱动力，不同的农产品电商可以选择不同的驱动力来作为核心竞争力。由于农产品电商仍处于发展阶段，在产品、包装、物流、服务等各环节都做好有一定难度，总体来说，电商企业的发展任重而道远。

知识拓展

电商平台已经成为我国农产品经营流通的重要渠道。农产品电商不仅拓宽了农产品销售渠道，还通过大数据有效引导和组织农业生产，对于提高农业竞争力，增加农民收入，实现城乡均衡发展具有极其重要的作用。随着新一代信息技术在农业农村领域的应用，将加速信息流、资金流、物流、商流的深度融合，为农产品电商发展注入新的生机和活力，带动农产品电商全面升级，产生更为显著的经济和社会效益。

本模块将着重阐述我国农产品电商行业发展方向、特色农产品电商面临的主要问题及其发展建议。

一、农产品电商行业发展方向

1.农产品质量安全追溯体系更完善

从农产品的生产、加工到包装都应进行严格的质量把关，杜绝出现安全监管方面的问题，保证产品质量安全。在特色农产品生产加工和销售经营环节，积极推动移动互联网、物联网、二维码、无线射频识别等信息技术，构建农产品质量安全追溯公共服务平台，建立有机食品生产、流通环节追踪体系和生产、销售档案。积极开展绿色食品认证，加强原生态农产品品牌建设。

2.“直播+农产品电商”唤醒乡村活力

电商直播优于传统电商的关键在于更加立体、感性地展示商品，主播与消费者可以进行有效互动，它除了是一种购物方式，更是一种社交体验。消费者与主播在一问一答的过程中，构建了高频次的互动场景，而群体效应也刺激更多消费者参与消费。因此，电商直播对于直播团队、售后服务等也提出了更高的要求。同时，主播在农产品直播带货过程中，要宣传理性消费，避免消费者出现盲目跟风购货现象，树立科学合理的消费观。

3.国家政策助力农产品电商发展

国家脱贫攻坚与乡村振兴等一系列政策为农产品电商市场带来发展红利。如表1-1所示。一方面，农村基础设施日益完善，网络覆盖面不断扩大，为农产品电商的爆发提供了坚实的硬件支撑；另一方面，电商平台响应国家号召，大力发展农产品市场，挖掘新的增长动能，通过政策、资源、技术、服务等多方面助力农产品上行，不断完善农产品电商市场的软件条件。在政策的支持下，采摘端、分拣端、包装端等产业分工链将被进一步打通与规范，农产品电商市场将进入快速发展期，市场前景广阔。

表1-1 2020—2021年中国农村电商行业的政策及其重点内容解读

时间	政策	重点内容解读
2020年5月	农业农村部办公厅关于开展“互联网+”农产品出村进城工程试点工作的通知	发挥“互联网+”在推进农产品生产、加工、储运、销售各环节高效协同和产业化运营中的作用，培育出一批具有较强竞争力的县级农产品产业化运营主体，建立完善适应农产品网络销售的供应链体系、运营服务体系和支撑保障体系
2020年5月	财政部办公厅　商务部办公厅　国务院扶贫办综合司关于做好2020年电子商务进农村综合示范工作的通知	充分运用电商发展成果，以创新引领农村流通转型升级，以信息化驱动农业农村现代化，夯实农村物流设施设备基础，健全农村电商公共服务体系，培育壮大农村市场主体，促进农产品进城和工业品下乡
2021年2月	中共中央 国务院关于全面推进乡村振兴加快农业农村现代化的意见	深入推进电子商务进农村和农产品出村进城，加快实施农产品仓储保鲜冷链物流设施建设工程，加快健全现代农业全产业链标准体系，立足县域布局特色农产品产地初加工和精深加工，推进公益性农产品市场和农产品流通骨干网络建设

二、特色农产品电商面临的主要问题

当前，我国特色农产品电商发展进入快车道，品牌强农、产业强农、人才强农等理念深入人心。然而在发展过程中，品牌、供应链体系、人员队伍等方面的发展短板日益显现。

1. 特色农产品品牌虽“量大齐全”，但多有牌不“响”

当前，我国特色农产品电商行业头部效应明显，市场集中度较高，电子商务的动态竞争和产品快速迭代的不稳定性对市场竞争力不足的特色农产品销售极为不利。我国特色农产品品牌虽数量众多，但存在两个突出问题：一是农产品品牌价值和影响力总体水平不高，农产品品牌认知度和影响力有限；二是品牌质量发展不平衡，经济发达地区优质区域的公用品牌较多，欠发达地区品牌建设相对滞后。

2.农产品电商供应链不完善，特色农产品上行受阻

近年来，我国农产品电商行业飞速发展，逐步从快速成长阶段向高质量发展阶段迈进。但特色农产品面临的产销衔接不畅问题依然较为突出，主要原因在于电商供应链短板导致特色农产品上行受阻。上游农业生产组织化程度较低，难以与下游电商企业高效对接。农产品标准化、集约化生产离不开农民专业合作社、农业企业、种植养殖大户等新型经营主体的参与。

3.专业电商人才短缺，特色农产品电商增长乏力

随着我国特色农产品电商市场规模的持续扩张，产业发展面临的专业人才短缺问题将日益凸显。首先，电商行业人员流动性强，专业电商人才缺口较大。其次，农产品电商虽快速发展，但专业人才队伍建设滞后。据中国互联网络信息中心（CNNIC）发布的第47次《中国互联网络发展状况统计报告》数据显示，截至2020年12月，我国农村网民规模为3.09亿人，占网民整体的31.2%；我国非网民规模为4.16亿人，其中农村地区非网民占比为62.7%。非网民不上网的主要原因是使用技能缺乏、文化程度限制和年龄因素等。一方面，受农业从业人口受教育程度普遍较低、老年农民比例较大等因素影响，本地电商人才的挖掘与培养难以满足农产品电商发展需求。另一方面，受县域经济发展水平、农产品电商收益不稳定等因素影响，引进的人才“水土不服”，流失率高。

三、特色农产品电商发展建议

我国特色农产品电商发展既面临来自品牌资源及人力资源为代表的软实力不足的问题，也面临来自产业生态链、供应链等硬实力发展滞后的挑战。因此，特色农产品电商工作的开展既要强化基础设施建设、人才队伍建设等弱项，还要从农产品品质提升、品牌价值增值等方面下功夫。

1.推进区域公用品牌和产品品质“双品提效”

我国特色农产品具有鲜明的地域、文化、品质等诸多特色，但也广泛具有“散、弱、小”的品牌特征，应避免陷入重复、过度开发，低质量建设特色农产品品牌的陷阱，全方位推进农产品区域公用品牌和产品品质“双品提效”。

加快推进区域公用品牌标准化建设。各特色农产品优势产区可从技术创新、监督管理、运营维护等层面出发，依托资源禀赋和特色产业基础，实施质量标准化工程，发挥质量标准化的基础保障作用。此外，持续丰富特色农产品的品牌内涵，借助内容电商、直播电商、社交电商等电商新业态，多渠道、多时段、多样化地塑造独特的品牌、产品形象，建设以区域公用品牌为核心，多个知名企业品牌和产品品牌为两翼的品牌矩阵。

加强产品品质提升。产品品质是品牌核心价值的重要载体，在推进农产品产量及品牌数量提升的同时，应注重对特色农产品品质进行“补钙”，提高品牌溢价能力，做好特色农产品品牌价值提升。

2.补足农产品加工及冷链物流“两大短板”

要解决农产品上行尤其是贫困地区农产品流通问题，关键是要做好产销衔接。围绕农产品上行，政府推动科学制定符合市场预期的配套技术标准、行政法规、优惠政策，搭建符合农产品网货标准的农产品生产和流通体系。

一是补足农产品加工建设短板。农产品加工水平的提高是特色农产品品牌溢价能力的关键，应着力提升产地特色农产品精深加工水平，形成区域特色农产品加工产业集群，重点对家庭农场、农民专业合作社等新型经营主体发展农产品初加工加强信贷支持力度和技术指导。执行特色农产品从田间管理、采后处理、分等分级、包装储运等流程的技术标准，增强产地农产品加工龙头企业的电商经营能力。

二是补足冷链物流体系建设短板。充分发挥企业联盟、产业协会等组织资源，增强龙头企业电商示范带动效应和辐射带动能力。加强农产品物流骨干网络和冷链物流体系建设，培育产地规模化、专业化的第三方冷链物流企业，完善县、乡（镇）、村各级冷链集散中心和分拨中心基础设施建设。

3. 强化电商专业人才培训和特色农产品电商战略规划“两项基础”

依托电子商务进农村综合示范、“互联网+”农产品出村进城等项目，加强人才体系建设。

一是重视电商专业人才培训，建立稳固的电商专业人才队伍。优化课程体系，突出适用性、实战性，动态跟踪和实时反馈电商培训方式、内容及效果，对存在的不足及时做出调整，注重培训效果转化和电商达人、直播带货网红的孵化。搭建各类返乡下乡人才创新创业所需的支撑服务平台，完善产地农产品电商创业支持服务体系，重点解决小微电商创业者信贷、技术、用地等问题。

二是做好电商产业发展战略规划。以做精产品链、做强供应链、做足服务链为引导，将电商助农、强农、兴农融入特色优势农产品产业规划中，解决产地“人”“货”“场”的问题。地方特色农产品电商发展需要政府将电商人才培育上升到战略层面，通过引进和培育专业人才，填补电商人才缺口。农产品电商公共服务体系建设已见雏形，但仍需在服务功能、服务内容、运营机制方面下功夫，利用现有设施、设备等硬件设施及专业化人才队伍，提升公共服务供给精准度和政府公共服务供给的满意度。

课程思政

2021年2月21日，中央一号文件公布，题为《中共中央 国务院关于全面推进乡村振兴加快农业农村现代化的意见》(以下简称《意见》)。这是21世纪以来第18个指导“三农”工作的中央一号文件。

《意见》指出，党的十九届五中全会审议通过的《中共中央关于制定国民经济和社会发展第十四个五年规划和二〇三五年远景目标的建议》，对新发展阶段优先发展农业农村、全面推进乡村振兴作出总体部署，为做好当前和今后一个时期“三农”工作指明了方向。

《意见》要求，以习近平新时代中国特色社会主义思想为指导，坚定不移贯彻新发展理念，坚持稳中求进工作总基调，坚持加强党对“三农”工作的全面领导，坚持农业农村优先发展，坚持农业现代化与农村现代化一体设计、一并推进，坚持创新驱动发展，为全面建设社会主义现代化国家开好局、起好步提供有力支撑。

《意见》明确的目标任务：2021年，农业供给侧结构性改革深入推进，粮食播种面积保持稳定、产量达到1.3万亿斤以上，农民收入增长继续快于城镇居民，脱贫攻坚成果持续巩固。到2025年，农业农村现代化取得重要进展，农业基础设施现代化迈上新台阶，农村生活设施便利化初步实现，城乡基本公共服务均等化水平明显提高。乡村建设行动取得明显成效。

《意见》围绕"实现巩固拓展脱贫攻坚成果同乡村振兴有效衔接"提出：①设立衔接过渡期。对摆脱贫困的县，从脱贫之日起设立5年过渡期，做到扶上马送一程。②持续巩固拓展脱贫攻坚成果。健全防止返贫动态监测和帮扶机制，对易返贫致贫人口及时发现、及时帮扶，守住防止规模性返贫底线。③接续推进脱贫地区乡村振兴。实施脱贫地区特色种养业提升行动，广泛开展农产品产销对接活动，深化拓展消费帮扶。持续做好有组织劳务输出工作。统筹用好公益性岗位，对符合条件的就业困难人员进行就业援助。坚持和完善东西部协作和对口支援、社会力量参与帮扶等机制。④加强农村低收入人口常态化帮扶。开展农村低收入人口动态监测，实行分层分类帮扶。

《意见》围绕"加快推进农业现代化"提出：①提升粮食和重要农产品供给保障能力。②打好种业翻身仗。③坚决守住18亿亩耕地红线。④强化现代农业科技和物质装备支撑。⑤构建现代乡村产业体系。⑥推进农业绿色发展。⑦推进现代农业经营体系建设。

《意见》针对"大力实施乡村建设行动"要求：①要加快推进村庄规划工作。②加强乡村公共基础设施建设。③实施农村人居环境整治提升五年行动。④提升农村基本公共服务水平。⑤全面促进农村消费。⑥加快县域内城乡融合发展。⑦强化农业农村优先发展投入保障。⑧深入推进农村改革。

《意见》强调，加强党对"三农"工作的全面领导。①强化五级书记抓乡村振兴的工作机制。②加强党委农村工作领导小组和工作机构建设。③加强党的农村基层组织建设和乡村治理。④加强新时代农村精神文明建设。⑤健全乡村振兴考核落实机制。

资料来源：中国政府网，www.gov.cn。

项目二　农产品电商的人才需求

微信扫一扫 码上就能学

教学设计 · 项目二

2020年6月10日，中国农业大学智慧电商研究院发布《2020中国农村电商人才现状与发展报告》，对未来农产品上行电商人才需求作出预估，“2025年缺口为350万人”。了解农产品电商的人才需求现状，了解农产品电商行业常见的岗位及岗位职责与要求，培养学生掌握农产品电商不同岗位的任职要求，使学生具备农产品电商从业者的职业素养是现阶段发展农村电子商务的重要环节。

本项目包含两个子项目，共计四个学习任务。

- 农产品电商的人才需求
  - 农产品电商的岗位职责与要求
    - 任务1　农产品电商岗位的特点
    - 任务2　农产品电商行业常见的岗位
  - 农产品电商从业者职业技能要求
    - 任务1　对农产品电商从业者的要求
    - 任务2　培养农产品电商从业者职业素养的方法

学习目标

微信扫一扫 码上就能学

教学课件 · 项目二

❖ 知识目标

1. 了解农产品电商行业的岗位职责与要求。
2. 了解农产品电商从业者的职业技能要求。

❖ 能力目标

1. 掌握农产品电商不同岗位的任职要求。

2.掌握培养农产品从业者职业素养的方法。

❈ 思政目标

了解农村电商的政策红利，调动学生响应国家发展电商扶贫政策号召的积极性。

项目导入

李刚是广西武鸣当地土生土长的农业从业者，面对农产品电商的大趋势，为了拓宽当地农产品销路、增加农民收入，他拟成立一家以经销当地农副产品为主的电商公司。通过收集资料、参观其他电商公司等方式，李刚从农产品电商岗位的特点、农产品电商行业常见的岗位、农产品电商从业者职业技能要求等方面了解了农产品电商行业人才现状。

子项目一　农产品电商行业的岗位职责与要求

任务一　农产品电商岗位的特点

一、专业性

农产品具有保质期短、易腐烂、易霉变等特点，对于采购、包装、运输、储存、物流时效等都有严格的要求，因此农产品电商的从业者要具备扎实的农产品基础知识，能够从专业的角度完成农产品电商化运作的一系列工作，包括产品营销与推广、产品包装设计、库存管理、物流终端配送等。

以武鸣沃柑为例，其产品特性的介绍文案与美妆、服饰、家电、日用品等的不同，更侧重于介绍产品种植环境、采摘、分选、储藏、保鲜、分级检验、包装等。例如，沃柑的库存管理对仓库的物理环境有严格的要求，冷库设置条件为温度5～6℃，湿度85%～90%，在入库前还需将沃柑果实浸入复合保鲜溶液中10～15秒，捞出阴干后，分装到储藏架上，最后放入冷库中储藏。

二、综合性

从岗位要求来说，农产品电商岗位是集合了农业知识、电商知识、生活常识等于一体的综合性岗位。与传统的电商岗位相比，农产品电商要求从业者不仅具备电商岗位的基本能力，同时兼具农产品的背景知识。比如从事农产品主播岗位，不仅要了解产品的种植、加工、营养价值、品质等，还要懂得直播的技巧，包括如何与买家互动、话术准备、控场能力等，甚至还需要掌握烹饪技巧等。如图2–1所示。

图2–1　某水果主播在直播中展示的沃柑新吃法示例

三、灵活性

生鲜类产品由于其保质期、储藏、运输等都有严格的要求，从业者在工作中除了严格按照规定操作外，对于突发状况，尤其是不可抗力因素造成的产品质量问题，可灵活处理。例如，同样的海鲜产品，运往西北城市A和西北城市B，虽然都要求3天内送达，但A城市最近高温，产品到达后里面的保鲜冰就有可能全部融化，产品会出现不同程度的变质，客服人员在接到客户投诉时就可按照规定售后处理，对于一些因商品损坏严重而投诉的客户，客服人员还可提供一些额外的优惠活动，如赠送店铺购物券、小礼品等。

任务二　农产品电商行业常见的岗位

某公司是广西当地一家以采购、销售广西健康特色农产品为主的农业电商公司，坚持“精选、低价、健康、简约”的理念，立志将原产地的精品农产品和健康生活的理念传递给每一位客户，成为广西食品电商健康农特产领导者。下面就以该公司的农产品电商岗位为例，了解农产品电商岗位的职责与要求。

一、运营方向

1.（天猫）网店运营

（1）岗位职责

①独立负责天猫店铺日常安全维护及数据监控，保证天猫店铺的正常运作。

②研究行业趋势、竞争对手的动向、市场的变化及目标人群的消费行为，制订有效的营销方案。

③负责天猫店铺搜索排名、付费推广，充分利用渠道的各种活动资源，完成店铺的销售指标。

④负责活动报名，包括聚划算、预售、类目活动等，保持和类目小二的良好沟通，争取活动资源。

⑤分析销售数据、货品数据、浏览量、订单量、主图点击率、详情页转化率等，提出并执行优化方案。

⑥随时关注店铺内的评价，及时做好评价管理和评价维护。

⑦跟品牌方客户时刻保持良好的沟通，及时反馈店铺内现阶段的情况和下阶段的店铺运营计划。

（2）任职要求

①大专及以上学历，电子商务专业优先。

②网店运营1～2年经验，有独立运营天猫店铺经验，熟悉天猫平台各种规则，能够熟练使用各平台工具等进行数据分析。

③熟练使用生意参谋、生意经等后台工具。

④具备较强的逻辑思维能力，善于利用数据指导优化网店运营。

⑤沟通协调能力强，可以跨部门多线程进行工作推进和管理。

⑥有食品、农产品、快消品电商运营经验者优先。

2. 社交电商运营

（1）岗位职责

①熟悉分销平台规则。

②线上销售新通路拓展，负责对接多渠道（包括但不限于拼多多、云集等平台）业务的合作，不断提高业务销量。

③负责线上销售新渠道日常运营工作的对接，目标导向，对运营目标（流量、转化率、日活等）和结果负责。

④负责落实公司的政策、制度，执行策略并监控各项策略的实施，针对各新渠道进行市场管理。

⑤产品素材收集及文案输出。

（2）任职要求

①2年左右电商行业从业经验，有食品或生鲜产品运营经验者优先。

②熟悉社交电商运营模式及相关规则，热爱互联网，接受新平台及新渠道销售模式。

③具备一定的市场敏锐度，有多渠道社交电商平台的拓展资源及经验。

④热衷电商行业，熟悉各电商平台，有较强的沟通能力及协调能力。

3. 电商主播

（1）岗位职责

①直播卖货，销售广西特色农副产品，包括水果、零食、土特产等。

②依照公司安排，在电商直播平台（包括但不限于京东、淘宝、抖音等）完成直播任务，介绍及展示产品，推广产品，增加产品销售额。

③在直播间向观看的顾客介绍产品，与粉丝互动，增加粉丝黏度和数量。

④按时完成直播任务。

（2）任职要求

①大专以上学历，相貌端正，个人形象气质佳，镜头感强。

②具备一定的农产品知识。

③普通话标准，语言表达能力强，性格开朗。

④了解电商行业，热爱直播行业，抗压能力强，团队配合度高。

4.抖音运营/种草带货

（1）岗位职责

①负责抖音账号的日常运营管理，提升抖音账号影响力、粉丝数量以及活跃度。

②负责抖音账号内容的策划和制作。

③运营抖音视频账户、完成吸粉和曝光任务。

④策划结合品牌和产品的视频内容。

⑤运营和维护现有的视频平台内容。

⑥抖音号日常数据整理、挖掘和分析。

⑦了解抖音带货机制，对市场热度高的产品敏感度高，会根据市场热度选品，提供可实施运营方案的视频需求给后期制作。

（2）任职要求

①会玩抖音，有抖音带货运营工作经验1～2年（必备），熟悉抖音的所有玩法和基础技巧。

②有一定的视频策划能力，能策划出结合品牌的主题和创意内容。

③洞察力强，能够准确捕捉抖音上的热门视频亮点，具备极高的模仿能力及二次创作能力。

④思维活跃，性格开朗，具备一定创新能力，并且敢于创新。

⑤喜欢挑战，敢于尝试，学习能力强，执行能力强。

5.直播运营

（1）岗位职责

①负责团队直播情况的整体把控，制订运营策略并组织执行。

②负责直播的日常管理，维护直播运营的秩序，与观看者积极互动。

③关注直播行业动向，监测分析竞品动态并提出相应对策。

④跟踪直播运营效果，收集反馈数据及用户建议。

⑤直播风控管理。

（2）任职要求

①1年以上主播策划工作经验，熟悉直播运营管理方式和手段。

②具备较强的数据分析能力，能挖掘和分析直播用户需求，根据数据提供直播优化方案。

③性格开朗，善于沟通，热爱互联网、热衷社交。

④工作积极主动，有责任心，应变协调能力强，团队意识强。

二、美工、视频方向

1.平面设计师

（1）岗位职责

①根据各阶段营销需求，负责常规、节日、季节性相对应的平面设计工作（画册、宣传板、邀请函、海报等物料制作）。

②参与公司创意策略的研讨和制定，负责品牌的平面设计。

③可根据公司策划思路和营销概念独立完成个案，充分理解创意意图并准确体现于创意设计中。

④负责设计控制的执行和维护，不断改进设计水平，以达到公司日益发展的要求。

（2）任职要求

①美术、平面设计相关专业，中职及以上学历，1年以上设计工作经验。

②熟练使用各种制图软件，如PS/AI/CorelDRAW等。

③具备独立完成设计项目的能力，有成功的设计作品。

④对平面设计和包装设计有较强的掌控能力和独到的艺术创新能力。

2.网店美工

（1）岗位职责

①负责天猫店铺的设计与装修，包括店铺首页、Banner（横幅广告）、产品详情页和分类标签页的整体效果及各模块图片的设计，并不断对店铺进行优化和改进。

②负责直通车、淘宝客和钻石展位的推广图片素材的设计。

③根据运营人员的业务需求，提供设计支持。

④店铺整体日常优化及维护工作，电商素材库搭建。

（2）任职要求

①中专及以上学历，设计、视觉传达相关专业，有2年以上淘宝/天猫专职美工设计工作经验。

②熟练使用PS、AI等设计相关软件，擅长手绘或C4D者优先考虑。

③熟悉天猫、淘宝电商平台操作规则。

④有较强的美术功底、色彩审美观及良好的创意设计表达能力。

3.短视频编导

（1）岗位职责

①负责公司短视频广告内容的选题策划，撰写脚本并制订拍摄计划。

②负责短视频的创意，会抓热点，能熟练驾驭各垂直类的短视频内容。

③根据前期拍摄计划，制作分镜脚本，落实所需的场地、道具、剧本等，根据视频内容，提出后期包装的需求（音乐需求和后期特效等）。

④组织拍摄工作，现场指挥和监督拍摄过程。

⑤跟进后期的制作，协助后期短视频剪辑，保证出片质量。

（2）任职要求

①中专及以上学历，有新媒体短视频行业从业经验者优先考虑。

②有一定的用户思维和数据分析能力，良好的沟通能力及文字功底。

③对热点敏感，能够迅速响应并进行相关内容的策划。

④有想法，抖音、微博、小红书等平台短视频重度用户。

⑤乐于挑战、抗压能力强。

4.短视频拍摄剪辑师

（1）岗位职责

①结合运营目标，负责短视频的拍摄和剪辑工作，能独立完成视频后期剪辑，并创新短视频的表现形式。

②负责与主播沟通拍摄档期及拍摄要求，按计划完成拍摄剪辑任务。

③对各种素材包括视频、音频、字幕等按照策划思路进行有效的剪辑处理，

完成镜头的剪辑、包装。

④完成后期特效设计及制作和视频封面制作。

⑤有一定的拍摄基础和相关经验，能较好地运用构图、布光、场景布置等拍摄和表现技巧。

（2）任职要求

①1年以上短视频独立拍摄、剪辑经验。

②熟练运用相关软件，如PR、AE、AU、PS。

③短视频深度用户，熟悉短视频主流表现形式。

④脑洞大、网感足、审美佳，能够准确把握拍摄风格。

⑤理解力、执行力强，有责任感和良好的团队合作精神，善于沟通，有服务意识。

⑥有竖屏拍摄经验，会摄影，有抖音作品，自带设备者优先。

三、电商客服

（1）岗位职责

①负责淘宝/天猫/京东等网店的售前工作，熟悉店内农副产品，与客户沟通并引导其下单。

②处理售后、监控库存、整理销售数据等。

③及时并耐心处理客户询单、邮件以及售后跟进。

④负责客户管理与跟进工作，准确记录并反馈各种客户信息。

⑤保持账号良好的运行状态，提高账户好评率和卖家评级分数。

⑥处理疑难快递及物流对接关系。

（2）任职要求

①熟练运用电脑，要求打字速度60字/分钟以上。

②熟悉电商各平台操作流程及规则，熟悉电商订单操作流程。

③善于学习，思维敏捷，头脑灵活，善于团队合作，乐于协调沟通。

④与人友善，性格稳重，富有亲和力，回答问题语言得体、不卑不亢。

⑤工作经验不限，有淘宝/天猫客服工作经验者优先。

四、物流仓储方向

1. 农副产品采购专员

（1）岗位职责

①根据客户订单采购农副产品，做到合理采购，零损耗。

②判定市场行情，给出周期性采购意见。

③收集、整理、统计各种采购单据及报表。

④落实与执行物品质量跟踪、维护。

⑤询价、议价，传达及执行各项采购事务。

⑥及时整理供应商资料，包括供应商的报价及产品等各项信息汇总。

⑦做好各供应商到货情况及售后问题跟进，付款整理、审查。

⑧完成上级领导交代的各项事务。

⑨熟悉农副产品的运输包装和存储。

（2）任职要求

①20～25岁，中专及以上学历，有一定农业行业采购经验。

②具备较好的行业积淀，对农副产品价格敏感，能够对行情作出基本判断。

③诚信正直，勤奋踏实。

④身体健康，能够适应不定期的产地出差。

2. 品控管理主管

（1）岗位职责

①负责公司食品安全的管理管控。

②负责食品安全标准的培训落地。

③负责公司食品安全问题的提前发现及解决。

④负责食品安全标准在生产、加工、物流仓储、运输、门店售卖等各个环节的核查管理。

（2）任职要求

①中专及以上学历。

②熟练掌握《食品安全法》，有一定的管理经验和管理思维。

③沟通能力和组织能力强。

3.仓储管理主管

（1）岗位职责

①负责部门日常工作计划、人员安排、进度控制及现场把控。

②负责收货、拣货、包装、销退、配送等日常工作的管理。

③每日对库存进行盘点清查，并进行分析，及时报告相关信息。

④负责单据最终确认，做到单据流通明确、准确无误。

⑤根据系统数据结合仓储、物流配送业务，对业务流程提出改善措施和方案，并组织实施。

⑥负责仓库5S工作及可视化管理实施情况。

⑦制定本部门工作制度及流程，定期进行培训和考核，提高员工素质及工作效率。

（2）任职要求

①中专及以上学历，物流管理、工业工程等相关专业。

②具有较强的计划组织能力、执行力和计划落实能力。

③具有良好的沟通协调能力，熟练使用电脑。

④熟悉物流仓储业务流程，熟悉相关质量管理体系。

⑤3年以上物流仓储相关领域管理工作经验。

⑥有电子商务行业仓储管理经验及食品仓储经验者优先。

子项目二　农产品电商从业者职业技能要求

任务一　对农产品电商从业者的要求

一、农产品相关的基础知识

农产品电商化是我国农村电子商务蓬勃发展的必然趋势。随着农产品电商化的不断发展，农产品细分化的趋势愈加明显，对于农产品电商从业者也提出了更高的要求，从业者需要掌握更专业的农产品知识，如种植（养殖）技术、品控管理、加工技术、农产品包装设计、农产品的储藏方法、农产品的营养价值及农产品流通区域等。丰富、专业的农产品知识有助于从业者在具体的工作岗位上顺利地开展各项工作。

以李刚的电商公司的农产品采购员为例，要采购武鸣沃柑，需要熟悉武鸣当地沃柑的种植范围、品种类别、等级鉴定、市场价格、总体数量等相关内容。

二、扎实的电商知识

农产品电商催生了农产品预热模式，改变了长久以来困扰农民、农民专业合作社的销售难题。近年来，大量的农民和农民专业合作社踊跃转型为网商，将自家或收购的农产品在网上进行销售。在这个过程中，从业者重新构建了农产品流通模式，建立了新的信息来源模式，扩大了农产品的销售渠道。

一家专业的农产品网店，从平台搭建、店面装修、产品拍摄上架、产品推广等都有专业的运行模式，通常需要由专业的团队来运营，这要求农产品电商从业者不仅具备扎实的电商知识，还要具备团队协作能力。

以李刚的电商公司为例，在沃柑成熟时，采购员要严格按照沃柑的品种类别、等级标准严格筛选采购；产品设计者要根据消费者需求，从规格、包装、价格方面设计出不同类别的商品；网店运营者要清楚地了解沃柑的特色，从电商运营的角度策划系列活动，推广宣传店铺的沃柑（如图2–2所示），如广告宣传、海报设计、活动内容策划与实施等；短视频编导要策划有新意的短视频内容，协调人员拍摄，剪辑制作短视频后上传至平台。

农产品电商化虽然还处于发展过程中，但各个岗位的人员都需要经过系统的理论学习、技能训练，只有从业者具备了扎实的电商知识，农产品电商化之路才能走得更远、更长久。

三、尚农精神

农业是人类衣食之源、生存之本。广义农业包括种植业、林业、畜牧业、渔业和副业，具体细分电商化的农产品种类繁多，包括水果、蔬菜、水产品、肉类、禽蛋类、速食及其他副食等。

图2-2　某品牌的沃柑宣传示例

农产品电商从业者要具备尚农精神，认识到农业生产在国民经济中的重要性。农产品电商化，扩大了农产品销售渠道，有利于更多优质的农产品“走出去”，满足更多人民的生活需求。同时，增加农产品销量，使基层农产品从业者增收致富。

农产品电商从业者在工作过程中，要保持一颗敬畏之心，尊重农产品生产者，尊重他们的劳动产出，以自己的专业技能帮助他们宣传农产品、推销农产品，实现农产品电商化运作。

四、具备“互联网+农业”的思维

“互联网+农业”是指将互联网技术与农业生产、加工、销售等产业链环节结合，实现农业科技化、智能化、信息化的农业发展方式。农产品电商岗位人才要具备“互联网+农业”的思维，这涉及农业生产的各环节以及农业产业链的结构，产前涉及种子、化肥、农药及农机等，产中涉及种植、养殖等生产行为，产后涉及农产品加工和瓜果蔬菜等生鲜农产品，该过程又包括仓储物流、金融服务等。

在“互联网+”带动传统农业升级的今天，互联网思维渗透于农业生产的各个环节，利用互联网的优势提升农业生产水平，拓宽农业流通渠道，有望在未来改写我国现代农业新格局。

任务二 培养农产品电商从业者职业素养的方法

随着数字乡村建设、电子商务进农村综合示范、电商扶贫等工作的深入推进，农产品电商的发展速度不断加快，但农产品电商人才的缺失制约了农产品电商的进一步发展。如何调动各方积极性，加大对农产品电商人才的培养和指导，是振兴乡村亟待解决的问题。

李刚在创办电商公司过程中，同样面临着这些问题，李刚该如何培养公司需要的合格的农产品电商从业者呢？他主要从以下四个方面着手解决问题。

一、理论学习

作为农产品电商从业者，理论学习必不可少。一方面是加强理论学习，不断更新该岗位的理论知识、操作技能，适应岗位发展变化。另一方面是积极参与外部组织的培训学习，如农村电商现状与运营、农产品品牌打造、农产品新媒体运营模式、智慧农业技术与应用、农产品电商直播技巧等。学习的途径有很多，如书籍、期刊、互联网线上课程（如图2–3所示）、线下培训班（如图2–4所示）等。

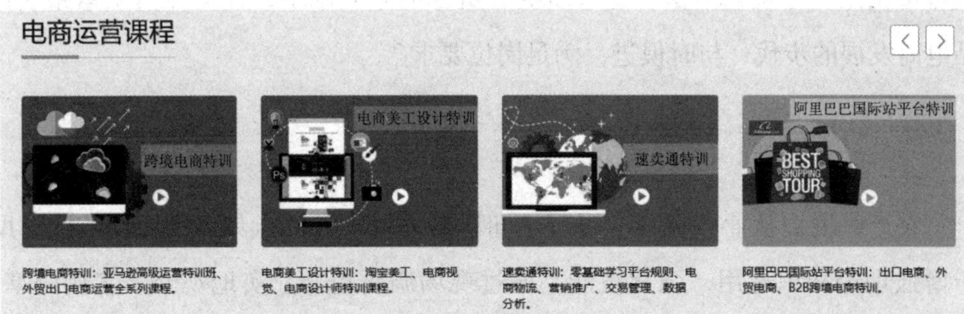

图2–3 某网站的电商运营线上课程示例

图2-4　某县线下电子商务培训班

二、岗位培训

岗位培训是企业根据对人才的需求，开展的员工岗位基础知识培训和专业技能培训。一般员工入职时的岗前培训（如图2-5所示），培训内容包括公司组织架构、企业文化、管理制度和流程、部门职能和岗位职责。工作过程中，企业会阶段性地组织员工岗位培训，培训的内容涉及行业发展现状与趋势、岗位技能更新、行业新标准与新规范等具体岗位的知识与技能，有很强的目的性及实践性。

做好岗位培训，有利于丰富员工的专业知识，提高员工的工作适应能力，改善员工工作态度与方法，进一步提升员工的素质水平，让全体员工紧跟农产品电商发展的步伐，与时俱进，满足岗位要求。

三、工作实践

农产品电商从业者仅靠学习理论知识是远远不够的，具体的工作实践有助于增强理论知识运用，强化技能。通过现场调研指导、实地观摩、案例分享、专题座谈等形式，将电商新理念、电商专家的实操经验带给农产品电商企业的一线管理者和从业者。

例如，2021年4月21日，湖北黄石某地举办首届电商人才技能培训。培训班邀请了拥有千万以上“粉丝”的网红达人参与，与学员分享心得。有些农民“网红”更是把直播间搬进了田间地头，通过直播的形式向参训学员讲授直播体系流程、直播演示及互动、抖音直播电商带货技巧等电子商务专业知识。

图2-5　某电商企业的岗前培训

四、多方合作

校企合作，培养适合企业发展需要的人才，是中职、高职院校长久以来电商人才培养的方式之一。李刚的电商公司也可与当地院校合作，建立电商人才实训基地，提供农产品电商岗位满足学生的社会实践与就业，进而培养企业所需的电商人才。此外，阿里巴巴、京东、拼多多、苏宁等电商平台也在不断探索电商人才培养新模式，为农村电商的发展贡献自己的力量。如京东主要从落实“生鲜电商战略”开展农产品上行的运营管理、电商运作知识等人才培养，“通过授权专业培训结构、校企合作开展相关培训”；阿里巴巴则通过“从政策解读、趋势分析、实践探索等多方面对县域领导者进行培养”“以实践操作培训方式对农村淘宝创业者进行培养”“借助淘宝大学与分享嘉宾开展相关培训”。[①]

知识拓展

一、育强农村电商人才，赋能乡村振兴

2021年2月23日，中共中央办公厅、国务院办公厅印发了《关于加快推进乡村人才振兴的意见》，明确了在加强农村电商人才培育方面，提升电子商务进农村效果，开展电商专家下乡活动。依托全国电子商务公共服务平台，加快建立农村电商人才培养载体及师资、标准、认证体系，开展线上线下相结合的多层次人才培训。

结合“十三五”期间我国农产品电商商家数量、农产品电商销售复合增长率等情况，中国农业大学智慧电商研究院发布的《2020中国农村电商人才现状与发展报告》（以下简称《报告》）估算，未来五年中国农产品电商人才缺口将达350万人。《报告》分析称，目前农产品上行电商人群，仍以中等文化水平为主，其中小学文化占比为1%，初中文化占比为50%，高中文化占比为32.5%，大学文化占比仅为16.5%。而大部分高校毕业的电商专业人才，第一选择并非投身于基层农村电商的发展。

二、农村电商发展中的农产品经纪人

农产品经纪人是指从事农产品收购、储运、销售、信息传递等中介服务活动而获取佣金的经纪组织和个人。所有在农村从事农产品经营中介活动的人员需要经过培训，取得农产品经纪人职业资格证书后才能持证上岗。农产品经纪人应具备初中以上的文化程度，对相关的基本知识或常识能理解、会运用，并会运用现代通信工具去捕捉信息、传递信息，为供需双方提供沟通的桥梁。

---

① 中国农业大学智慧电商研究院. 2020中国农村电商人才现状与发展报告［R］. 北京：中国农业大学，2020.

要想成为一名合格的农产品经纪人，一定要精通农产品经营方面的相关知识。这些知识包括如下几个方面。

1.农产品的基础知识

农产品涉及的范围非常广，而且随着市场经济的发展，农产品细分化的趋势愈加明显。农产品经纪人应熟悉自己所经纪的农产品的分布范围、品种类别、等级鉴定、市场价格、总体数量等相关内容，做到心中有数。同时，还应了解经纪范围之外的农产品情况，以便能够抓住机会，拓宽经纪领域。

2.与农产品相关的基本技能

农产品经纪人应该是某一农产品领域的专业人士，不仅要熟知该种农产品的特性，还要掌握一定的操作技能。比如如何分辨优劣，怎么鉴定等级，怎样包装、储藏、运输才可以使农产品保持新鲜等。

3.财务会计知识

农产品经纪人在具体的经纪活动中，不仅要核定自己的经营成本、收益等问题，还要给交易双方做些涉及农产品成本、利润等方面的咨询服务，因而需要掌握必要的财务会计知识。

4.经营管理知识

在农产品经纪活动中，农产品经纪人需要了解市场需求，掌握农产品的采购、销售方法，并能根据实际情况对农产品供销趋势做出判断，对农产品成本做出正确的估算。从农产品经纪人本身的发展着眼，也需要运用经营管理知识来打造自己的经纪团队。

5.经济地理知识

农产品地域性很强，农产品种类丰富多样。农产品经纪人需要掌握各种农产品的产地、批发地、消费地，及各地之间的交通状况等基本地理知识。同时，还要了解和熟悉国外相关的农产品分布情况，以扩大经纪空间。

6.相关法律知识

农产品经纪人需要依法进行活动，精通政策和法律、法规，使自己的经纪活动合理、合法，不仅能很好地完成委托人交办的任务，也可以运用法律武器保护自己的合法权益。比如，农产品经纪人要了解相关的农产品安全卫生方面的规定，使自己经纪的农产品符合食用、使用的标准，防止意外事故的发生。

7.信息技术应用知识

农产品经纪人通常居住在乡村，信息传递有一定的困难，经纪人必须克服这一不利的客观条件，不断学习现代信息技术知识，利用跨越城乡界限的网络掌握最新的信息。

课程思政

2015年以来，原农业部会同国家发展改革委、商务部等部门，先后出台了《推进农业电子商务发展行动计划》，印发了《商务部 农业部关于深化农商协作 大力发展农产品电子商务的通知》《农业电子商务试点方案》，不断探索农村电商发展模式，构建支持农村电商发展的政策体系。

在总结前期经验的基础上，经国务院同意，农业农村部在2020年决定开展"互联网+"农产品出村进城工程试点工作，针对农产品上行的瓶颈制约，建立健全适应农产品网络销售的供应链体系、运营服务体系和支撑保障体系。组织开展农业电子商务"平台对接"专项行动、苹果电商销售月行动、丰收购物节、丰收消费季等农产品产销对接专项活动，在农交会、双新双创博览会上，组织电商企业展区，举办系列电商企业论坛，营造农村电商发展的良好环境。

按照党中央、国务院部署要求，农业农村部下一步将以"互联网+"农产品出村进城工程为抓手，加快推进信息技术在农业生产经营中的广泛应用，充分发挥网络、数据、技术和知识等要素作用，进一步完善适应农产品网络销售的供应链体系、运营服务体系和支撑保障体系，促进农产品产销顺畅衔接、优质优价，带动农业转型升级、提质增效，拓宽农民就业增收渠道。重点做好以下几方面工作：

一是以特色产业为依托，打造优质特色农产品供应链体系。建立健全县级农产品产业化运营主体，打造优质特色农产品供应链，统筹组织开展生产、加工、仓储、物流、品牌、认证等服务，生产、开发适销对路的优质特色农产品及其加工品。

二是以益农信息社为基础，建立健全农产品网络销售服务体系。充分利用益农信息社以及农村电商、邮政、供销等村级站点的网点优势，统筹建立县乡村三级农产品网络销售服务体系。以低成本、简便易懂的方式，针对性地为农户提供电商培训、加工包装、物流仓储、网店运营、商标注册、营销推广、小额信贷等全流程服务。

三是以现有工程项目为手段，加强产地基础设施建设。充分利用现有标准化种植基地、规模化养殖场、数字农业农村等项目，推进优质特色农产品规模化、标准化、智能化生产，切实提升优质特色农产品持续供给能力、商品化处理能力。结合农产品仓储保鲜冷链物流设施建设工程，构建全程冷链物流体系，推动整合县域内物流资源，完善县乡村三级物流体系。

四是以农产品出村进城为引领，带动数字农业农村建设和农村创业创新。推进优质特色农业全产业链数字化转型，打通信息流通节点，形成从田间地头到餐桌的信息流通闭环，提高生产智能化、经营网络化、管理数字化水平。围绕乡村振兴和数字乡村发展战略布局，拓展“互联网+”农产品出村进城工程服务功能，带动发展农村互联网新业态新模式。

资料来源：中国政府网，www.gov.cn。

项目三　农产品社交推广

微信扫一扫码上就能学
教学设计·项目三

随着互联网的普及以及移动电子商务的发展，网络社交平台所带来的流量已不容忽视，这使得农产品的推广不再局限于传统的营销模式，而是搭乘社交推广的快车，借助于微博、微信公众号、社群等平台进行流量转化。本项目将介绍微博推广、微信公众号推广以及社群推广的基础知识和基本流程，帮助学生进一步了解和掌握农产品社交推广的方法和技巧。

本项目包含三个子项目，共计六个学习任务。

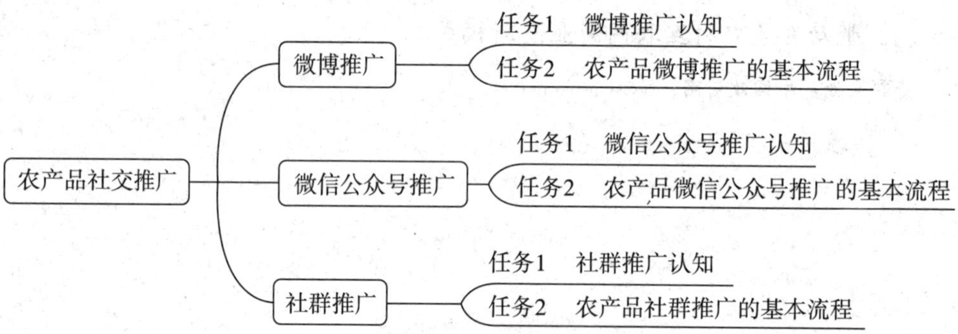

学习目标

微信扫一扫码上就能学
教学课件·项目三

❈ 知识目标

1. 了解微博推广的特点、常见方式。

2. 认识微信公众号推广的方式。

3. 了解社群推广的优劣势。

❖ 能力目标

1. 掌握农产品微博推广的基本流程。

2. 掌握农产品微信公众号推广的基本流程。

3. 掌握农产品社群推广的基本流程。

❖ 思政目标

通过社交平台推广农产品，响应扶农助农政策。

项目导入

小张是一名淘宝店的店主，店内主要销售广西当地的果蔬，如武鸣沃柑等。随着站内流量的获取成本越来越高，他打算通过其他方式为网店引流，提高网店的访问量和收益。经过对比研究后，小张选择了当下比较常见的微博、微信公众号以及社群进行网店农产品的营销推广。当前，小张面临的问题是，虽然他了解这些平台，但是实施起来还是有一些难度的，为此，他通过学习，归纳出了以下重点内容。

子项目一　微博推广

任务一　微博推广认知

微博推广是以微博作为推广平台，“粉丝”作为潜在营销对象，企业通过更新自己的微博向“粉丝”传播企业信息、产品信息，来树立良好的企业形象和产品形象。每天不定时更新内容与“粉丝”交流互动，或者发布“粉丝”感兴趣的话题来达到营销的目的。

一、微博推广的特点

微博推广是重要的社交媒体推广渠道之一，其特点包括覆盖面广、营销成本低、传播速度快、即时性和互动性强、内容多元化，如图3-1所示，具体介绍如下。

图 3-1　微博推广的特点

1. 覆盖面广

微博涉及的领域众多，许多行业的商家都在微博上面推广自己的产品。微博同时支持使用PC端和移动端进行推广。微博的传播方式比较多元化，支持一键转发，可以利用转发的方式将推广的内容传播到各个领域，以及更多的潜在用户面前。

2. 营销成本低

创建微博账号不需要费用，人人都可以免费注册微博账号。一部手机或一台电脑就可以进行文案的编辑和发布，且不受时间、地域的限制，营销推广成本远低于大多数付费广告，而且达到的效果也比较理想。

3. 传播速度快

微博营销推广的传播速度快是微博的显著特征之一，微博借助互联网及移动互联网技术，打破时间与空间的限制，让信息在几秒内就能传递给关注账号的“粉丝”，再由“粉丝”进行转发，从而可以在短时间内以裂变传播的方式形成“爆点”。

4. 即时性和互动性强

微博可以通过点赞、评论、转发等方式进行互动，在微博平台上企业或个人可以自由发布话题，当“粉丝”对你的话题感兴趣，可以根据这些信息进行评论或者发送私信，企业或个人也可以及时获取用户的反馈。

5. 内容多元化

微博的内容形式多样、话题广泛，不断加大多个垂直领域生态建设。2019年，微博月阅读量超百亿人次的领域达到33个，包括财经、教育、时政、电商等，能够满足各类型用户的需求，如图3–2所示。

图3–2　微博主要内容领域

二、微博推广的常见方式

微博推广的常见方式有投票互动、有奖征集、限时秒杀、免费试用、企业信息发布等。

1. 投票互动

微博投票互动是个人或者企业通过微博平台发起投票，吸引“粉丝”参与其中的活动，投票结果公开、公平、公正，如图3–3所示为广西县域电商“十大明星产品”的投票评选活动。

2. 有奖征集

微博有奖活动是由博主发起，用户通过转发、评论、点赞，就有机会获得相应奖品。有奖活动需要经过微博平台审核，如果奖品设计得有吸引力，会吸引很多“粉丝”参与其中，在短时间内产生轰动效应。微博提供的有奖活动是一种很好的营销模式，这种方式可以在短期内收获一定数量的“粉丝”，在一定程度上借助外力的物质激励，和“粉丝”形成有效的互动。如图3–4所示为某官方微博发布的有奖征集活动。

图3-3　微博投票评选活动示例

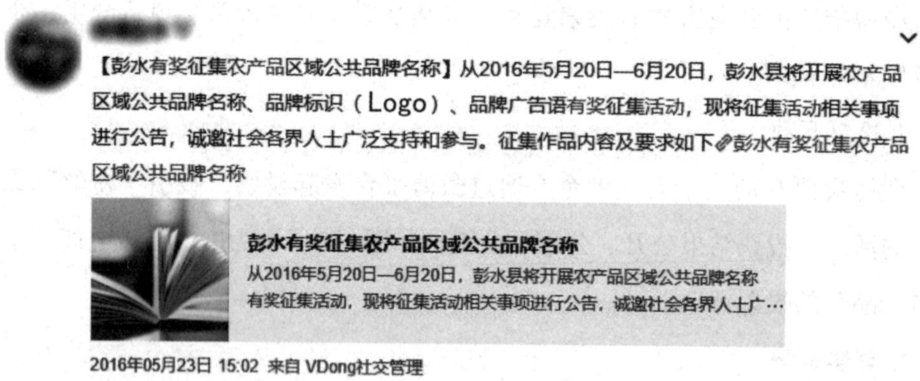

图3-4　微博有奖征集活动示例

3. 限时秒杀

限时秒杀多用于对产品的促销，由个人或者企业发起并设置活动的起止时间，以极低的折扣或价格来吸引用户点击链接进行购买，如图3-5所示为某博主发起的限时秒杀活动。

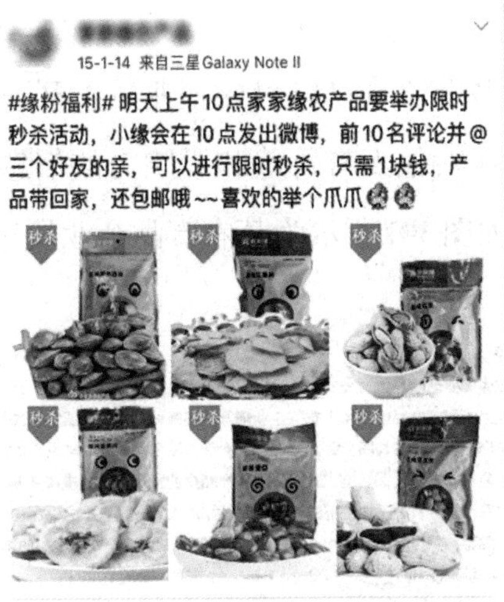

图3–5　微博限时秒杀活动示例

4.免费试用

免费试用是通过提供试用产品来吸引“粉丝”，具体试用名额由发起者来确定，确定完成后公布试用人员名单。免费试用活动多用于新产品的推广和宣传，其目的是在第一时间获取产品在市场上的第一批种子用户。如图3–6所示为某品牌商标的免费试用活动。

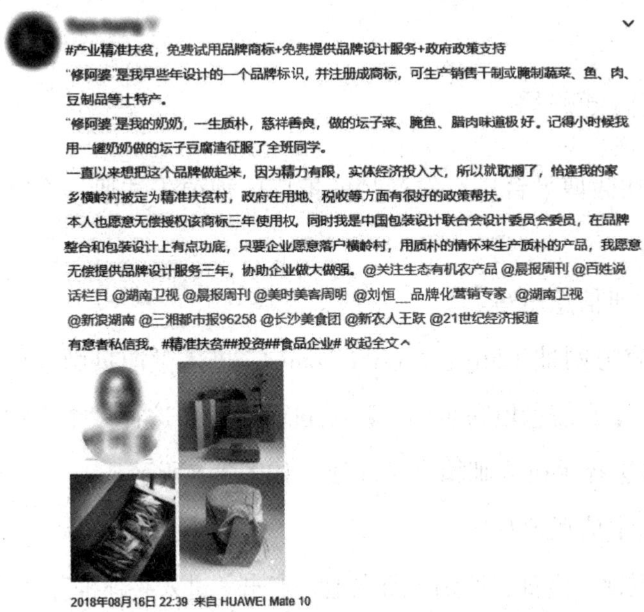

图3–6　微博免费试用活动示例

5.企业信息发布

一些员工较多的大型企业，可以引导企业员工开通微博并在该平台上交流信息，并且发布一些企业对他人有价值和影响力的信息，这样可以在短时间内增加企业微博的粉丝。如图3–7所示为某农产品企业发布的企业信息。

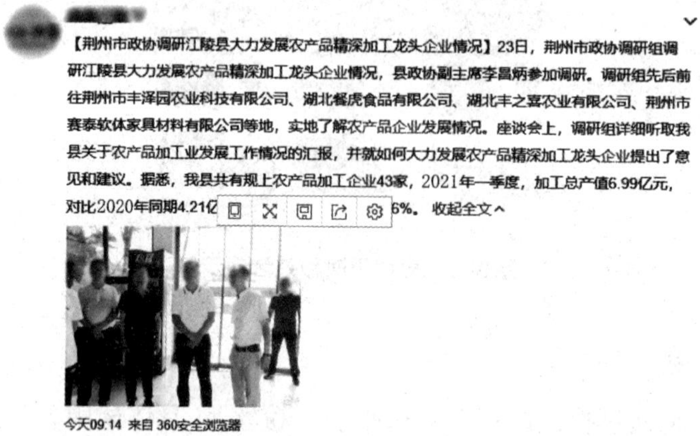

图3–7　微博企业信息发布示例

任务二　农产品微博推广的基本流程

一、注册微博账号

小张选择在微博平台进行农产品的推广，他要先注册一个微博账号，具体步骤如下。

步骤1：注册信息填写。

输入微博官方网址（http：//weibo.com/），进入微博页面，点击首页的“立即注册”，进入注册信息填写页面，根据自己的身份选择“个人注册”或“官方注册”，随后再选择手机或邮箱进行注册，如图3–8所示。

步骤2：基本信息填写。

填写用户昵称、生日、性别、所在地，点击“进入兴趣推荐”，如图3–9所示，随后选择兴趣词条，再点击“进入微博”。

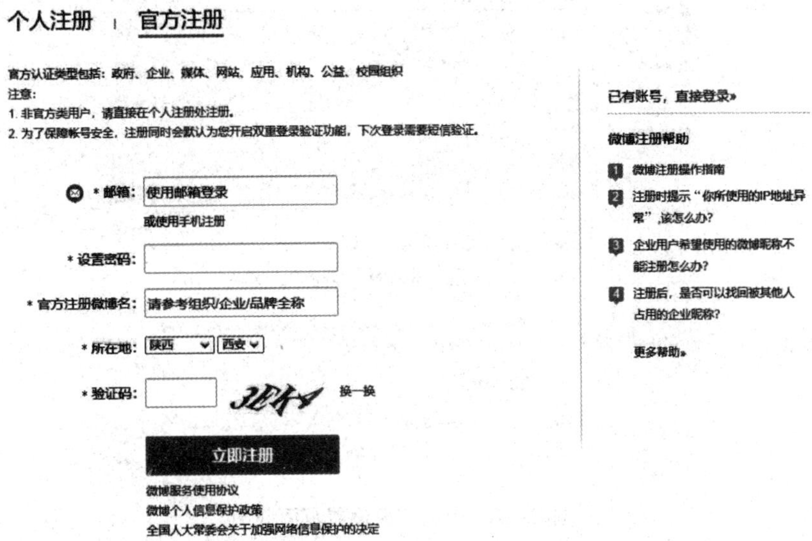

图3-8　注册信息填写页面截图

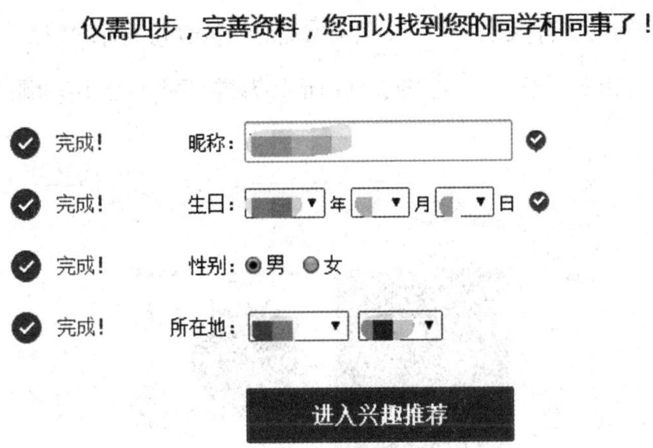

图3-9　基本信息填写页面截图

步骤3：个人信息设置。

“我的信息”设置包括登录名、手机号、昵称、个人资料、教育信息、职业信息、个人标签等。这里需要注意，设置的微博昵称要简洁易记，最好与所要推广的产品定位一致；设置的个人标签，可以添加描述职业、兴趣爱好等方面的词语，也可以是有热度、有搜索量、与产品推广信息相关联的关键词，以此来提升搜索排名，增加展示机会，如图3-10所示。

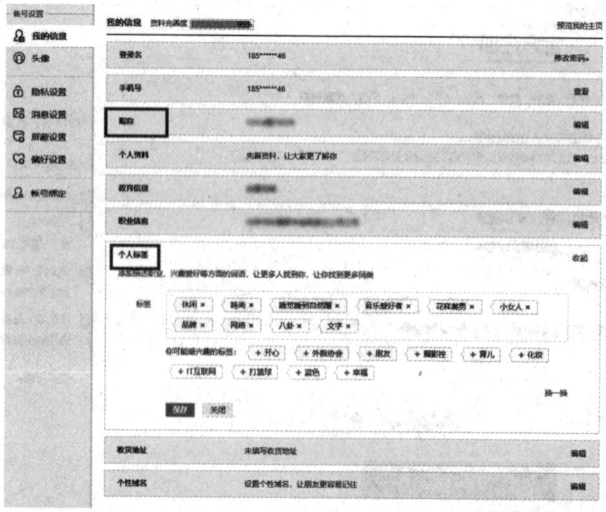

图3-10　个人信息设置页面截图

步骤4：头像设置。

头像是帮助用户了解所推广产品的入口，微博头像的设置要有吸引力，其次要与所推广的产品有关联。如果微博要推广本地特色农产品，就可以设置与该地特色农产品相关的图片，如图3-11所示为推广武鸣沃柑的账号头像。

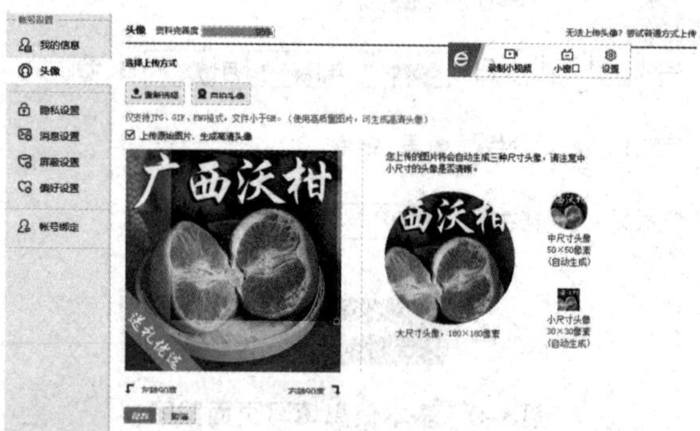

图3-11　头像设置页面截图

通过以上的操作步骤，小张完成了微博账号的注册和相关信息设置。

二、策划微博内容

接下来，小张要进行农产品推广微博内容的策划，具体步骤如下。

步骤1：定位微博推广内容。

通过分析农产品推广的相关微博，小张了解到，农产品微博推广的内容一般分为农产品种植经验分享、每日特色农产品推荐、农产品生长记录这几类，小张准备从每日特色农产品推荐这个角度切入，进行武鸣沃柑的推广。

图3-12　微博推广内容

步骤2：确定内容表现形式。

做好微博推广内容定位后，还应确定微博推广的表现形式。微博发布的形式主要有图文结合、视频、话题、头条文章等，如图3-13所示。

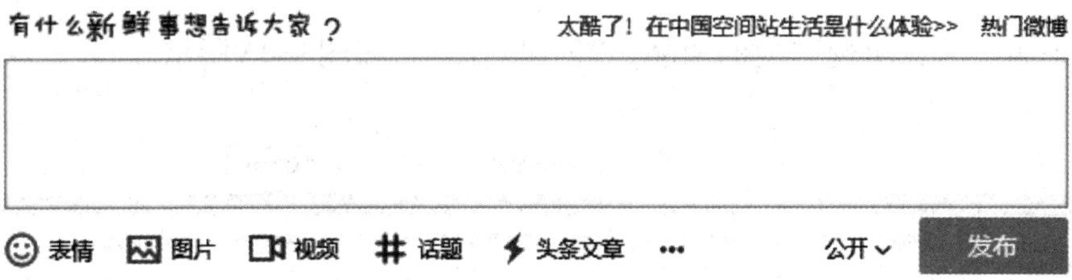

图3-13　微博内容编辑框页面截图

步骤3：编辑微博内容。

小张选择以图文结合的内容表现形式，进行武鸣沃柑的推广。先将撰写好的文字内容输入微博编辑框内，然后点击“图片”，上传武鸣沃柑的图片，图片尽可能选择精彩、清晰、信息量大、有冲击力的素材。编辑完成后点击“发布”，如图3-14所示。

三、推广微博小店

除了持续性策划、发布优质的微博内容外，小张还借助微博小店进行武鸣沃柑的推广，具体步骤如下。

图3-14　编辑微博内容页面截图

步骤1：开通微博小店。

①进入微博个人主页，点击“管理中心”进入后台，点击左侧导航栏中的“微博小店”后，出现“我的商品”“创建商品”，如图3-15所示。

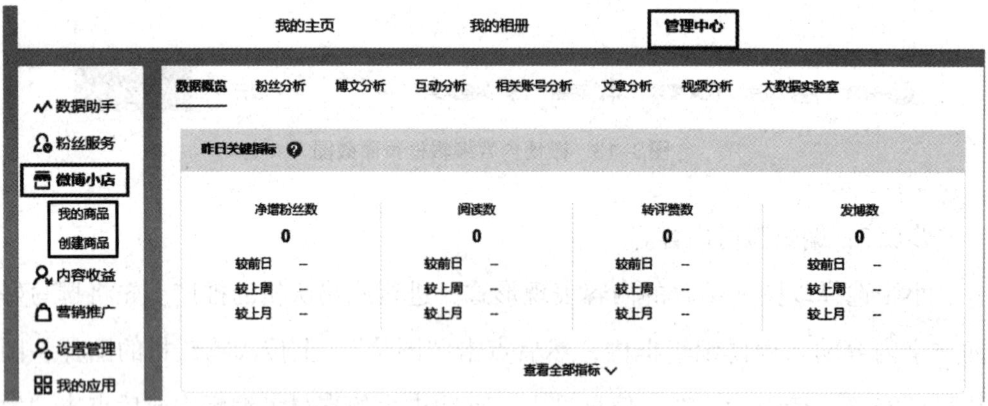

图3-15　微博小店位置展示页面截图

②点击“创建商品”，在弹出的窗口中通过“个人用户入驻”或者“机构用户入驻”申请，开启入驻，如图3-16所示。

③这里以个人用户入驻为例，用微博手机App扫码进行验证，在弹出的窗口中点击“一键开通”，完成微博小店的开通操作，如图3-17所示。

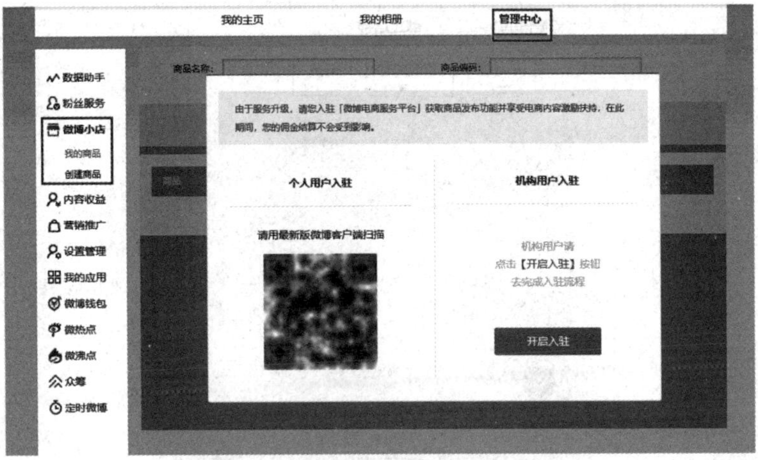

图3–16 开启微博小店入驻页面截图

图3–17 开通微博小店页面截图

步骤2：微博小店绑定店铺。

完成认证之后，手机会跳转到微博小店的管理端页面。在这里选择“绑定店铺”，通过“账户设置”绑定店铺，微博小店支持绑定“小电铺”“巨鲸帮帮”“有赞”“微店”，如图3–18所示。

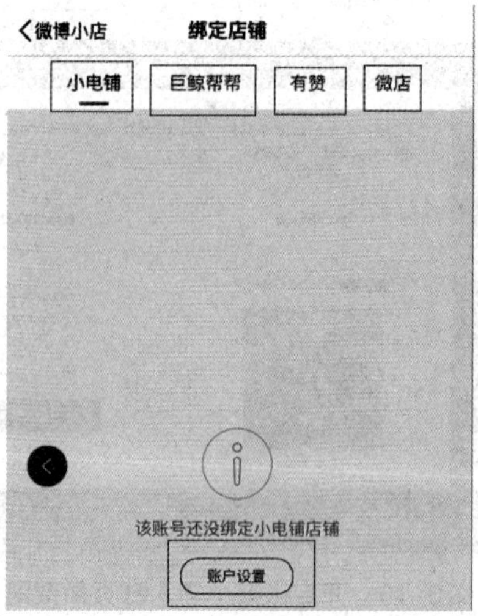

图3-18　微博小店手机管理端页面截图

步骤3：创建商品。

点击左侧导航栏“微博小店”下的“创建商品”，进入创建商品页面，填写商品标题、商品描述，上传商品图片，添加商品链接、价格，如图3-19所示。

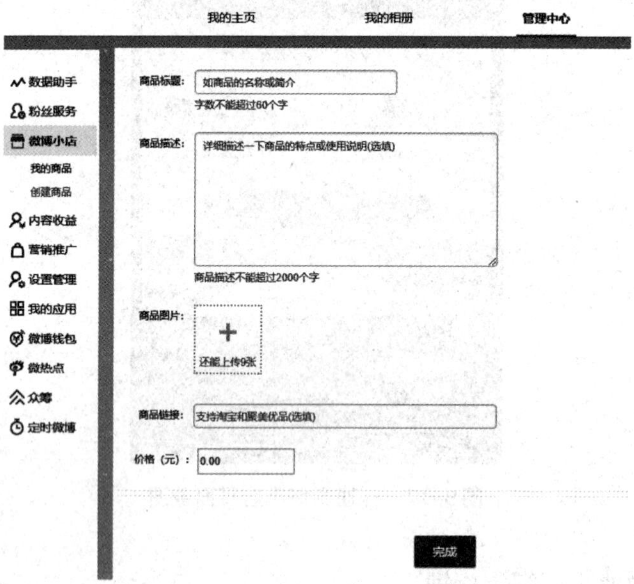

图3-19　创建商品页面截图

按照要求填写商品信息后，点击“完成”，小张在“我的主页”看到了自己添加的微博小店，如图3-20所示。

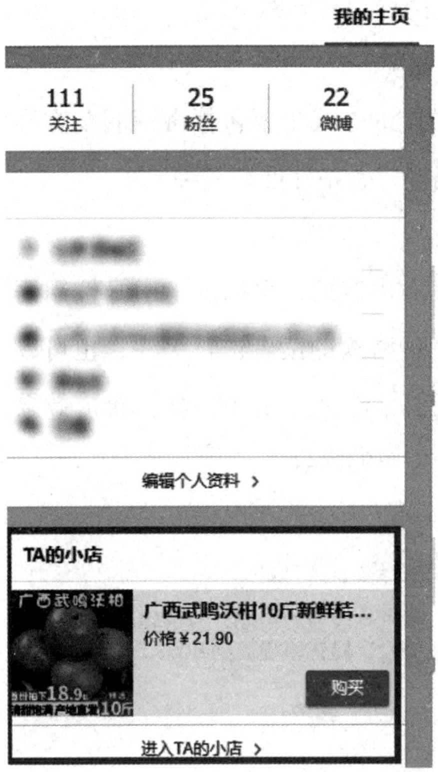

图3-20　“我的主页”微博小店示例

子项目二　微信公众号推广

任务一　微信公众号推广认知

微信公众号是指开发者、商家或者个人在微信公众平台上申请的应用账号，该账号与腾讯QQ账号互通，通过微信公众号，个人和企业可以实现在微信平台上与特定群体进行文字、图片、语音等形式的全方位沟通及互动，形成了一种主流的线上线下微信互动营销推广方式。

微信公众号推广的方式

微信公众号要想做大做强，除了内容过硬，还要有很好的推广方式，给微信公众号引流，这样才会有越来越多的人关注。微信公众号推广最常用的方式有免费推广和付费推广两种，具体如下。

（一）免费推广

微信公众号免费推广的方式主要包括微信朋友圈推广、微信群推广、微信公众号互推、线下扫码推广、站外推广五种。

1.微信朋友圈推广

在微信公众号上发布内容后，可以加上引导性用语，将公众号的内容转发到自己的微信朋友圈，让喜欢的读者进行关注，也可以转发公众号的内容，将优质内容传播出去，吸引“粉丝”，达到一定的推广效果，如图3-21所示为微信朋友圈推广微信公众号发布的内容。

图3-21　微信朋友圈推广示例

2.微信群推广

公众号推广的微信群尽量是跟自媒体相关的交流群、精准行业群等，把优质的公众号文章转发到微信群，让更多感兴趣的群好友阅读并且关注公众号，这样的推广效果也会较好。图3-22为某企业部门微信群推广的公众号内容。

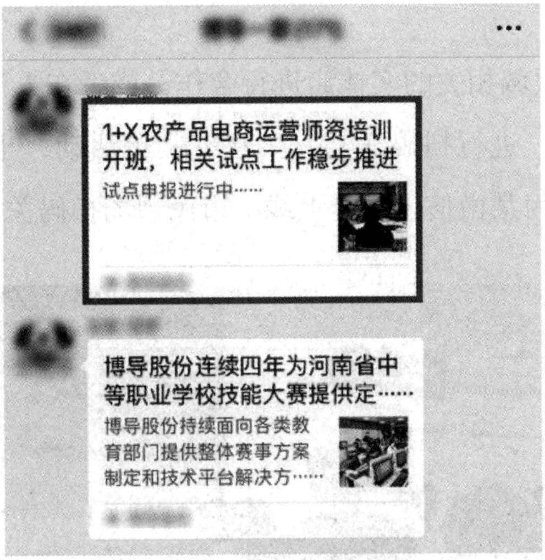

图3-22　某企业部门微信群推广示例

3. 微信公众号互推

公众号互推是一种比较常见的推广方式，企业或个人可以选择与同行业的微信公众号合作，相互之间进行账号互推，在每天发布的消息中推广其他公众号的内容，因为领域相近或相关，更容易吸引用户关注。这种同行业的互推方式能够让双方互惠互利，实现共赢发展，如图3-23所示为“物流指闻”和“中物联农产品供应链分会”微信公众号互推。

图3-23　微信公众号互推示例

4. 线下扫码推广

选择跟公众号领域相关的实体店进行合作，或者在人流量大的地方，如专卖店、大型超市等，进行扫码送礼、关注有奖等活动，也能让公众号得到推广。如图3–24所示为某微信公众号上线，市民现场扫码关注。

图3–24 线下扫码推广示例

5. 站外推广

合理利用知乎、微博、今日头条等站外平台为微信公众号引流，定期进行公众号内容的更新，以最低的成本获取更多精准的目标用户。

（二）付费推广

如果个人或企业有足够的预算，可以尝试投放广告，这种方式比较精准，喜欢的人可能会点开关注。在投放广告之前，一定要分析好各渠道的流量情况，把获客成本降到最低。微信公众号付费推广的方式主要包括微信朋友圈广告、微信公众号广告、微信小程序广告三种。

1. 微信朋友圈广告

微信朋友圈广告是以类似朋友的原创内容形式在用户朋友圈展示的原生广告，如图3–25所示为某企业的微信朋友圈广告投放。

图3-25　微信朋友圈广告示例

2. 微信公众号广告

微信公众号广告是基于微信公众平台生态，以类似公众号文章内容的形式在包括文章底部、文章中部、视频贴片和互选广告等广告资源位进行展示的内容广告，图3-26为微信公众号广告示例。

图3-26　微信公众号广告示例

3. 微信小程序广告

微信小程序广告是基于微信公众平台生态，利用专业数据处理算法，由小程序流量主自定义广告展现场景，根据其特点灵活设置展现页面与位置。常见展现场景为文章页－文章末尾、详情页－页面底部、信息流－信息流顶部或信息流之间，图3–27为微信小程序插屏广告示例。

图3–27 微信小程序插屏广告示例

任务二 农产品微信公众号推广的基本流程

一、微信公众号的类型

微信公众号开通之前，首先要明确微信公众号的类型，小张了解到，微信公众号的类型包括以下四种：

1. 订阅号

订阅号定位于为用户提供信息和资讯，每天可以推送1次，每次最多可发布

8条信息。订阅号发送消息给用户时，用户不会收到即时消息提醒，发给用户的消息，将会显示在用户的订阅号消息文件夹中。在用户的微信通讯录中，订阅号将被放入公众号文件夹中。

2. 服务号

服务号定位于为有交互能力及服务内容的企业、政府、媒体或其他组织提供服务。服务号每个月有4次推送机会，每次可推送8条信息。推送的消息会展示在用户的聊天列表里，并且消息发送给用户时，用户将收到即时的消息提醒。

3. 企业号

企业号是企业的专业办公管理工具，提供丰富免费的办公应用，并与微信消息、小程序、微信支付等互通，助力企业高效协同办公、管理项目。

4. 小程序

小程序是一种不需要下载安装即可在微信快捷使用的应用，个人、企业、政府、媒体或其他组织的开发者均可申请注册小程序。

二、微信公众号的注册

在了解了微信公众号的四种类型后，小张想借助微信公众号对农产品进行引流推广，因此他选择申请开通订阅号，具体步骤如下。

步骤1：搜索微信公众平台（https：//mp.weixin.qq.com），进入首页，如图3-28所示。

图3-28　微信公众平台首页页面截图

步骤2：点击“立即注册”，页面跳转到“请选择注册的账号类型”页面，如图3-29所示，随后再点击“订阅号”，跳转到基本信息页面。

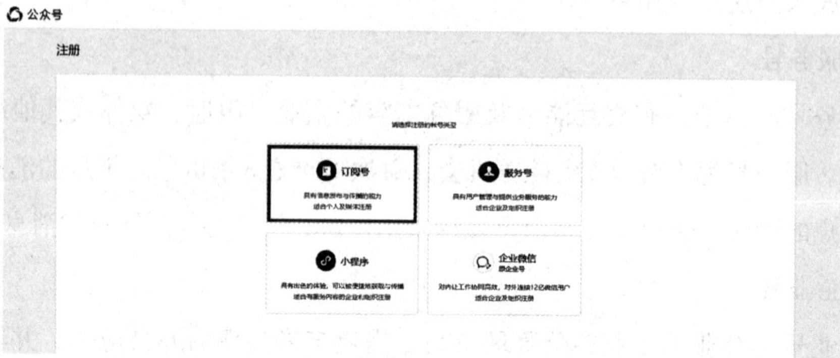

图3-29　微信公众号账号类型页面截图

步骤3：在“基本信息”页面，依次填写邮箱、邮箱验证码、密码，并确认密码，填写完成后勾选“我同意并遵守《微信公众平台服务协议》”，最后点击“注册”，如图3-30所示。

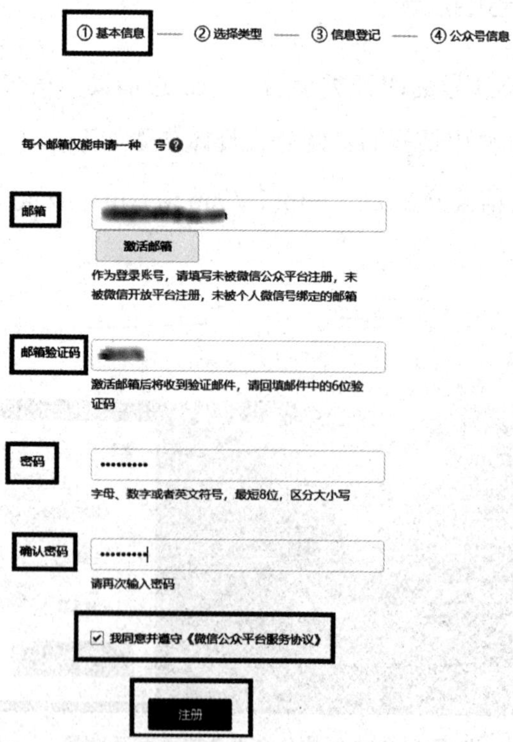

图3-30　基本信息页面截图

小技巧：在填写邮箱时要注意，每个邮箱仅能申请一种账号作为登录账号，因此，注册时要填写未在微信公众平台注册，且未被个人微信号绑定的邮箱。

步骤4：注册成功后，进入“选择类型”页面，选择企业注册地，如图3–31所示。点击“确定”后，页面跳转到选择账号类型页面，选择“订阅号”，如图3–32所示。

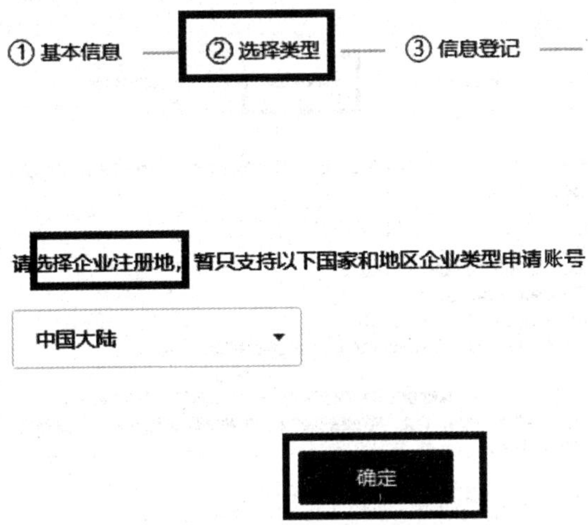

图3–31　选择企业注册地页面截图

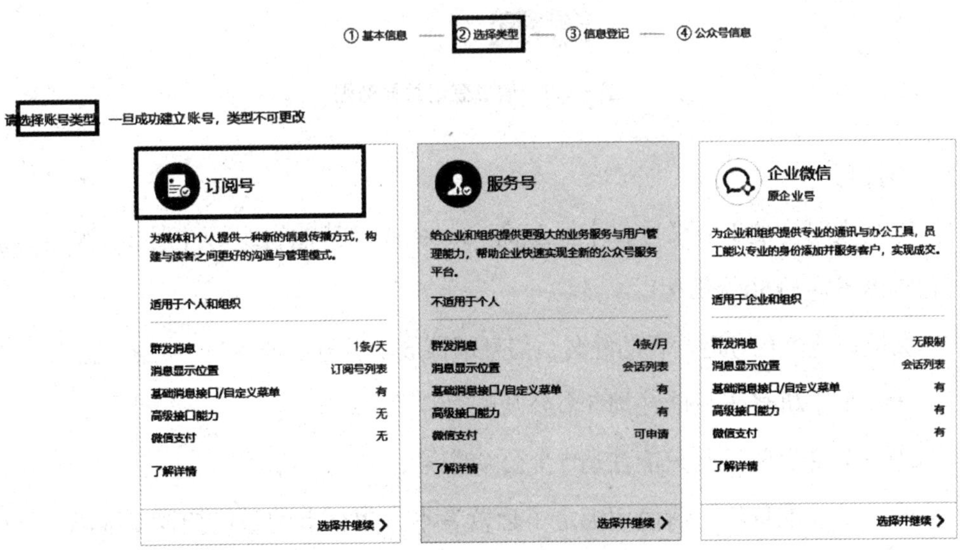

图3–32　选择账号类型页面截图

小技巧：

①选择企业注册地时要根据管理员自身情况选择，注册地要与公众号产品定位相一致。

②选择账号类型时要注意，微信公众号的类型一经选定将无法修改。

步骤5：进入“信息登记”页面，需要选择账号“主体类型”，个人用户申请则选择“个人”，如图3–33所示。随后对主体信息进行登记，登记完成后点击“继续”，如图3–34所示。

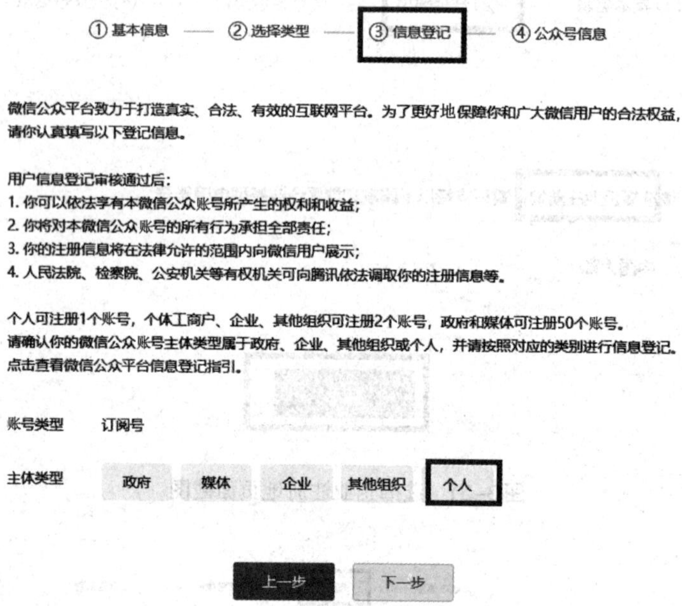

图3–33 信息登记页面截图

小技巧：

①个人可注册1个账号，个体工商户、企业、其他组织可注册2个账号，政府和媒体可注册50个账号。

②填写该公众号运营者的姓名，信息审核成功后身份证姓名不可修改。

③一个手机号码只能注册5个公众账号。

④一个身份证号码只能注册5个公众账号。

⑤为了验证身份，请使用绑定了运营者本人银行卡的微信扫描二维码，该验证方式不扣除任何费用。

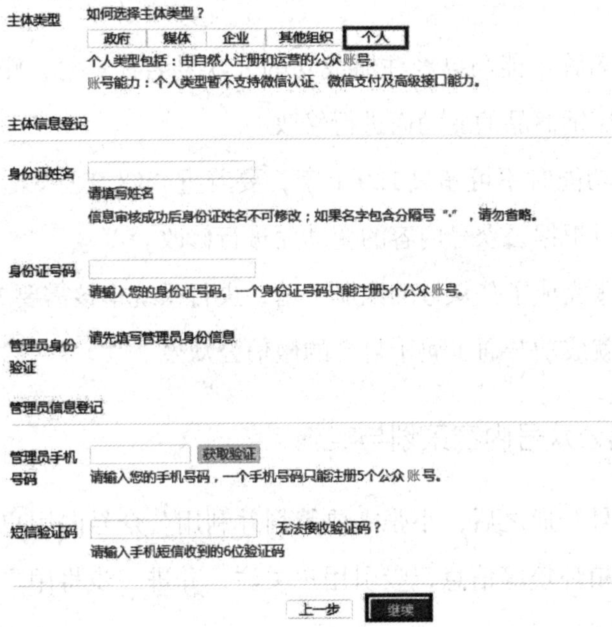

图3-34 主体信息登记页面截图

⑥在上传所选创作平台的主页截图、证明文件等资料时，文件大小不超过10M，支持上传png、jpg格式。

步骤6：主体信息填写完成后，进入“公众号信息”页面，填写账号名称、功能介绍，选择运营地区，完成后点击“完成”，如图3-35所示。

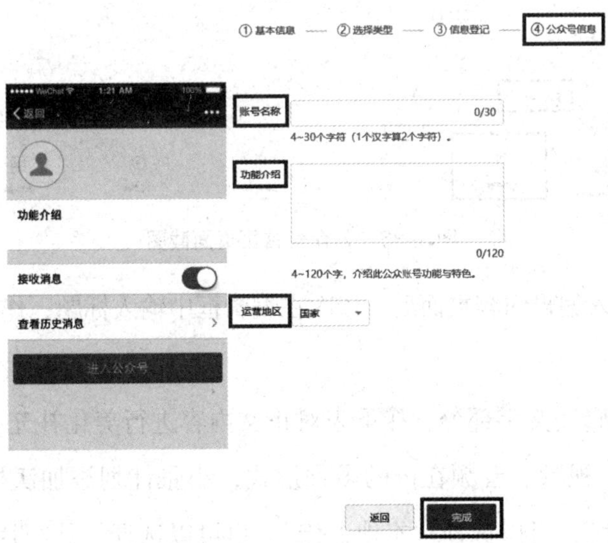

图3-35 公众号信息页面截图

小技巧：

①公众号名称不能与已经注册成功的公众号名称重复，账号名称注册成功后也可以根据店铺商品的变动而进行修改。

②在介绍功能时不可超过120个字，要着重介绍该公众号内容的功能与特色，后期也可以根据公众号内容的变动而进行修改。

到此，小张完成了公众号的注册申请，进行系统审核需要7个工作日，审核通过之后小张就成功开通了属于自己的微信公众号。

三、微信公众号内容策划与实施

微信公众号开通之后，小张需要策划并利用公众号向用户展示武鸣沃柑的生长过程、种植环境等信息，吸引用户关注，并进一步将用户引流至网店，具体步骤如下。

步骤1：登录微信公众号，在首页中“新的创作”下，点击“图文消息”，如图3–36所示。

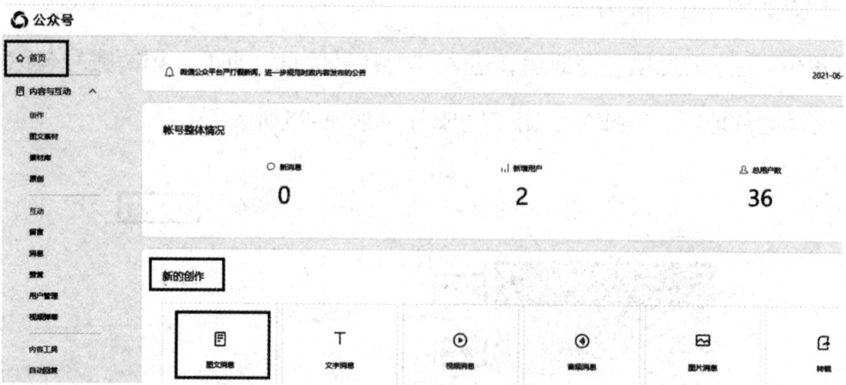

图3–36　公众号首页页面截图

步骤2：进入编辑内容页面后，依次在编辑框中输入标题、作者、正文，如图3–37所示。

步骤3：编辑完文字部分，接下来对正文内容进行美化补充。微信公众号提供了包括图片、视频、音频在内的多种形式，小张计划添加沃柑生长过程的图片，点击“图片”，可以选择“本地上传”，也可以选择“从图片库选择”，如图3–38、图3–39所示。

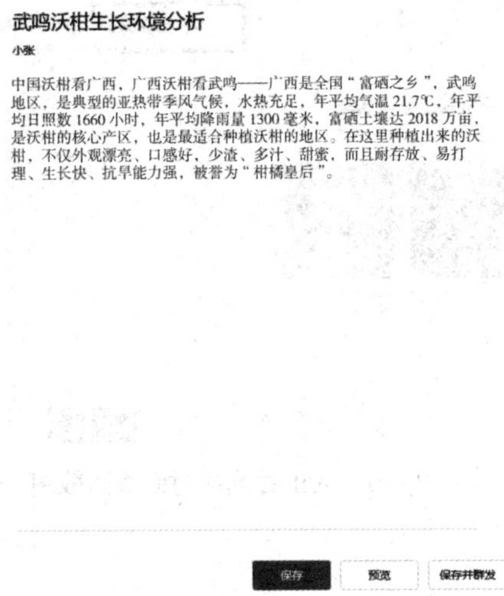

图3–37 编辑内容页面截图

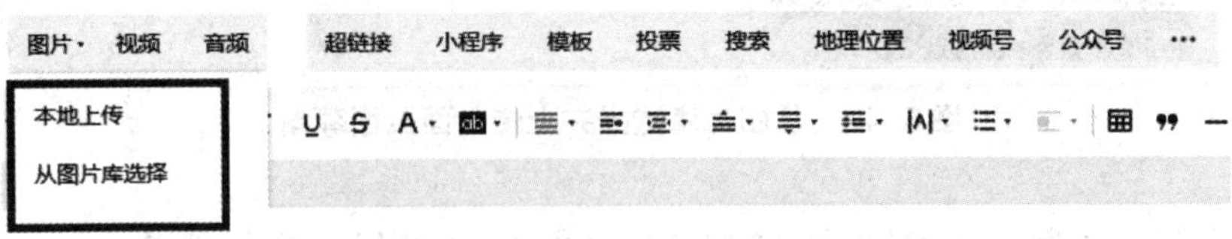

图3–38 添加图片选项页面截图

图3–39 添加图片页面截图

步骤4：图文编辑完成后，为文章设置封面。封面可以从正文中选择，如图3–40所示，也可以从图片库选择并上传，如图3–41所示。

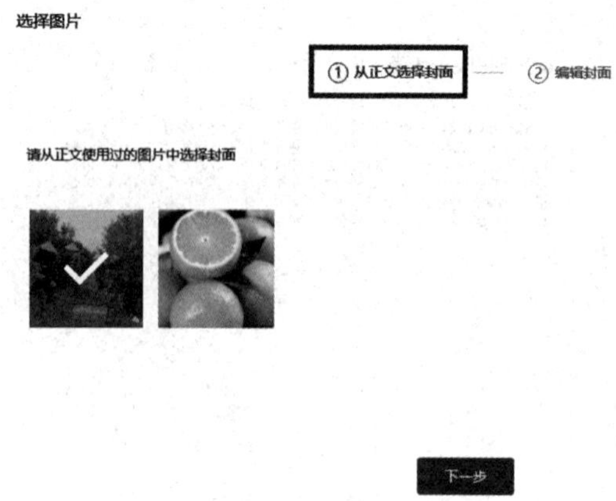

图3-40　从正文选择封面页面截图

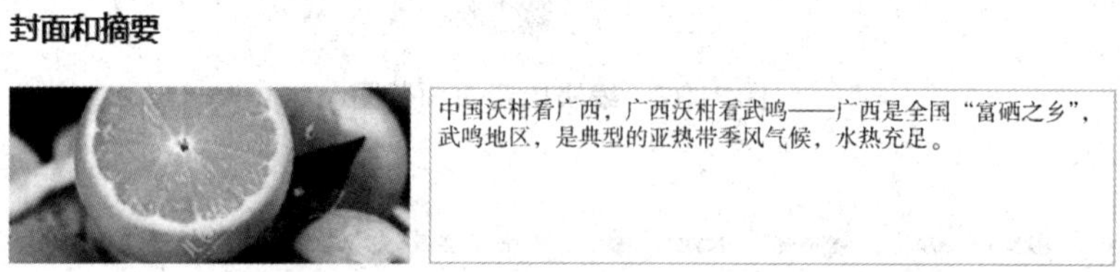

图3-41　从图片库选择并上传封面页面截图

小技巧：选择上传的图片可按2.35：1或1：1的尺寸进行裁剪。

步骤5：封面图片上传完成后，可点击“保存为草稿”“预览”或“群发”，小张在此处先点击“保存为草稿”，如图3-42所示。

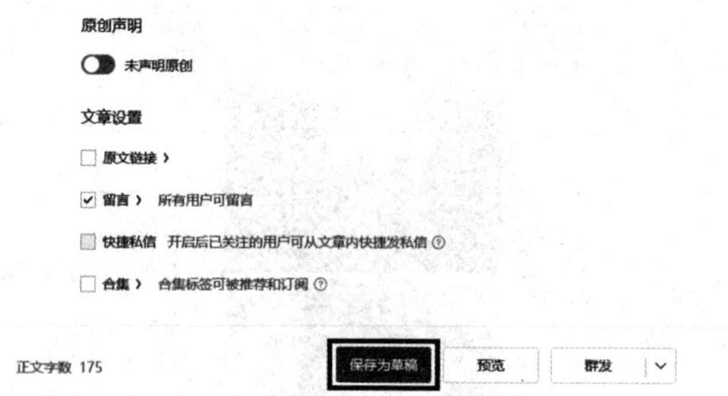

图3-42　保存为草稿页面截图

步骤6：保存成功后，返回微信公众号首页，点击页面底部的“预览”按钮，在弹出的页面填写预览手机号，如图3-43所示，完成后点击“确定”按钮即可在手机上预览公众号文章。

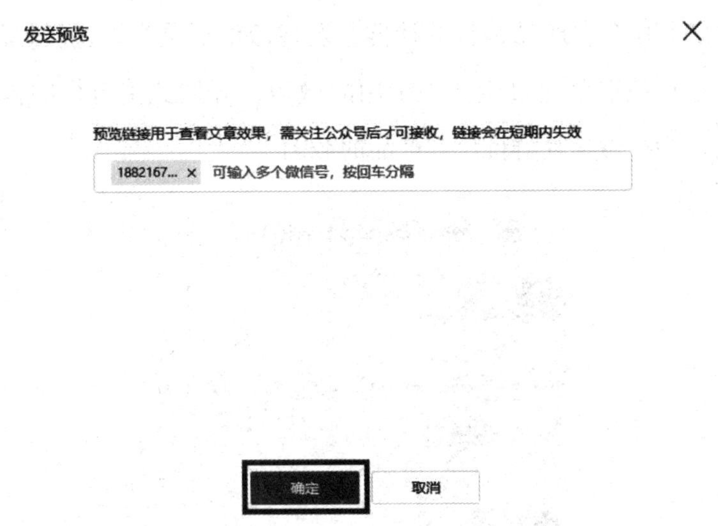

图3-43　发送预览页面截图

子项目三　社群推广

任务一　社群推广认知

一、社群推广

社群推广，是利用某种载体聚集人气，通过产品或服务满足具有相同或相似的兴趣爱好群体的需求而产生的商业营销模式。常见的社群形式有微信社群、QQ社群、淘宝粉丝群等。如图3-44所示。

图3-44　社群推广

小张研究了几个农产品销售的社群，发现微信群是当下比较热门的社群推广渠道。于是，他准备通过生活中常用的微信，开展武鸣沃柑的销售和宣传，如图3-45所示为某微信社群推广农产品的截图。

图3-45　微信社群推广示例

二、社群推广的优劣势

如今，社群推广已经成为企业推广的标配。为什么企业都推崇社群推广呢？这主要取决于社群推广的以下几项优势。

1. 低成本高收益

对于任何企业而言，低成本投入、高收益产出极其关键。传统的营销模式广告费用高，针对的客户群体不聚焦，资金浪费严重。而社群推广几乎零成本，且将购买与传播相结合，拉动市场带给企业更多的收益。

2. 效率高

社群推广以目标人群的双向互动沟通为核心，社群成员可以是信息制造者，也可以是信息传播者。相较于传统营销的单向传播，社群推广更高效。

3.传播快

社群建立后，商家的活动通过群内现有成员的口口相传，呈现出裂变式传播，让企业得到更多的客户资源，社群推广效果显现后，企业就会感受到“一传十,十传百”的魅力。这就是互联网环境下催生的社群推广的价值所在。

4.精准度高

社群推广是网络营销里少数能和搜索营销相比的精准营销模式，搜索是定向流量，社群营销是定向需求，而且社群推广比起搜索营销能提供更多的即时资讯。

5.实效久

社群推广是以人际关系、兴趣圈子、口碑传播为核心的营销模式，这些网上的口碑随着时间的流逝，不仅不会消失，反而不知何时会被一些因素激活，能够不断发酵。

6.针对性强

社群推广，不仅可以作为普通宣传活动的手段，还可以针对特定的目标群体进行宣传活动。社群的建立应是始于兴趣，群成员都一定具有类似的生活形态。由此，可以看出社群具有很强的针对性。

所有的营销模式，都有利有弊，社群推广也存在着缺乏招募新用户的渠道、平台资源匮乏、活跃度难以维持等劣势。

任务二　农产品社群推广的基本流程

农产品社群推广的基本流程包括社群构建、社群活动策划、社群推广与维护。

一、社群构建

这里以微信群为例，小张要开展微信群推广，首先需要构建微信群，具体步骤如下。

步骤1：创建微信群。

打开微信，点击右上角的“+”，选择“发起群聊”，如图3–46所示。然后勾选好友，点击“完成”，即可完成微信群的创建，如图3–47所示。

步骤2：设置微信群基本信息。

微信群创建成功之后，可进行修改群聊名称、发布群公告、设置群管理规则、添加备注等操作，如图3–48所示。

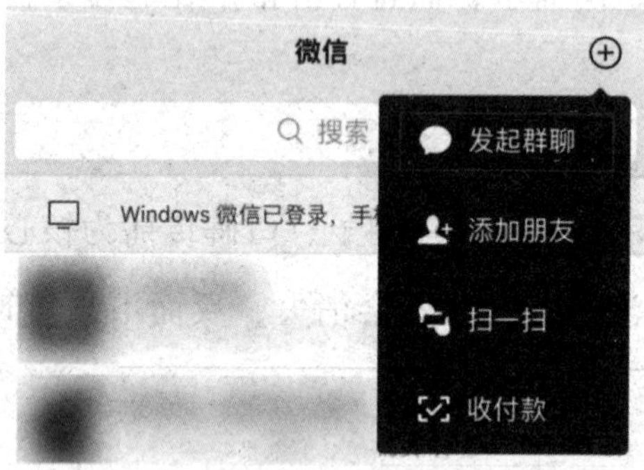

图3–46　创建微信群页面截图

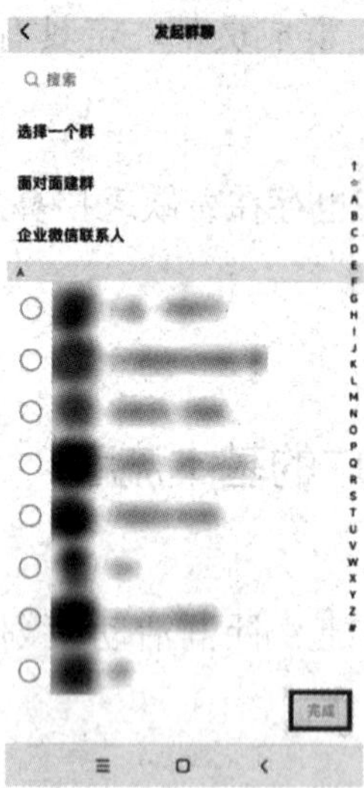

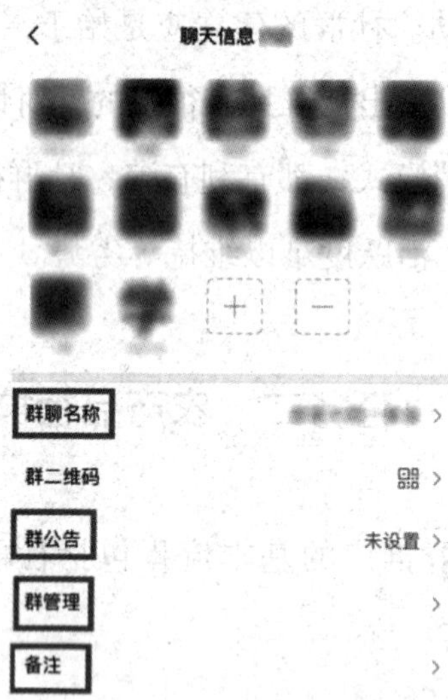

图3–47　创建微信群示例　图3–48　设置微信群基本信息示例

步骤3：完善群管理规则。

群管理员可进一步完善群聊邀请确认、群主管理权转让、群管理员这三项规则，具体如图3–49所示。

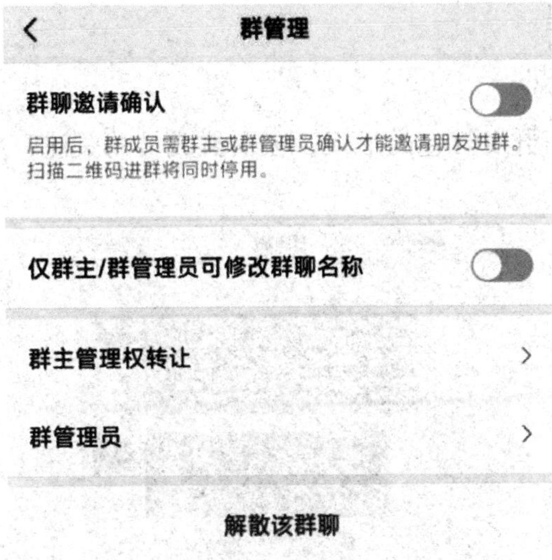

图3-49　完善群管理规则页面截图

二、社群活动策划

微信群构建完成后，小张需要进行武鸣沃柑微信群推广的活动策划，他打算从以下四方面着手，具体如下。

1.明确社群推广目的

本次活动的主要目的是利用构建好的武鸣沃柑微信交流群，策划该群专享优惠活动，在提高武鸣沃柑销量的同时，通过群成员带动其身边更多的潜在用户购买产品，进一步打造品牌形象。

2.策划活动主题

明确活动目的后，小张需要做的是策划活动主题。考虑到当时正值武鸣沃柑的生长时节，他打算沿用微博推广形式来进行社群推广的主题策划，通过向群成员介绍武鸣沃柑的生长环境、成长过程来展示武鸣沃柑绿色无公害的特性，为后期的营销做铺垫。

3.确定活动形式

确定活动主题后，需要确定活动形式。小张准备用红包的形式进行沃柑上市前的活动预热，这种活动形式能有效地提高群成员的参与度，充分调动每一位群成员的力量，使商家和群成员在短时间内形成高效的互动和传播。

4. 规划活动流程

步骤1：红包预热。

小张通过在微信群发红包的形式，吸引群成员的关注，如图3–50所示。

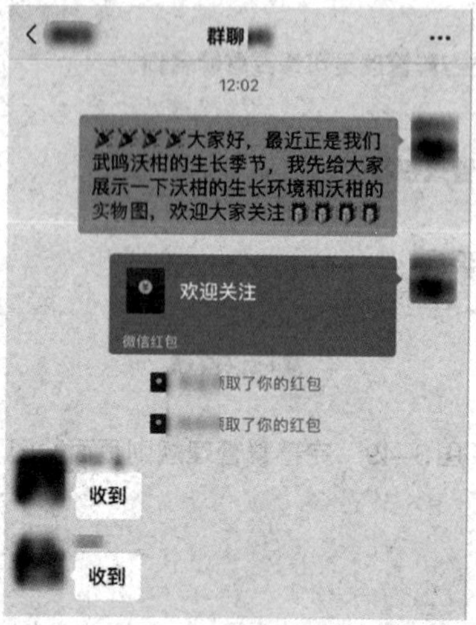

图3–50　红包预热示例

步骤2：发布产品信息。

小张接下来在微信群分享了沃柑的生长环境和实物图片，让群成员更直观地了解产品，如图3–51所示。

图3–51　发布产品信息示例

步骤3：宣传促销活动。

在分享了沃柑生长环境和实物图后，小张要告诉群成员产品上市后是否有促销活动，吸引群成员持续关注，如图3-52所示。

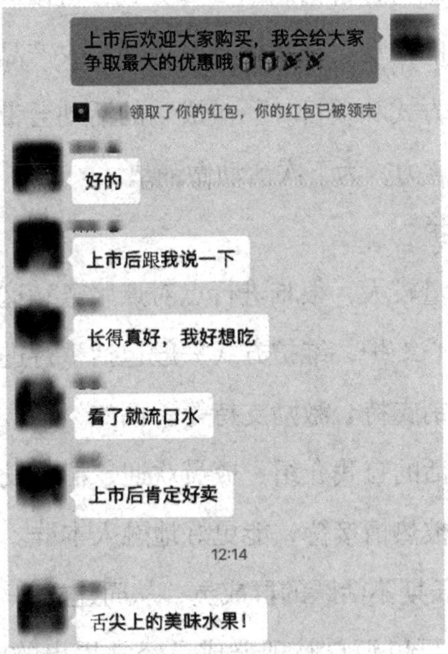

图3-52　宣传促销活动示例

步骤4：活动总结。

本次微信群推广活动结束后，小张需要对该群成员的购买意向进行统计，为了让群成员更加重视此次活动，还可以举行活动奖励颁发仪式，在群里公布奖励名单及奖品等，授予获奖的群成员某个职位或达人名号等，让群成员更有参与感与归属感。

三、社群推广与维护

社群建立后，如何维护好它并且利用它进行营销推广呢？小张总结了以下三点。

1.明确社群定位

社群能持久活跃的方式是定位和话题，要定位明确，找到共同话题，并根据群成员的共同爱好分享话题，例如，把农产品热点话题分享到群里，可以经常给群成员分享农产品的优惠福利、相关文章、视频等，引发大家互动和讨论，以提高群活跃度。

2.线上转线下活动

组织线下活动也是维持社群活跃的一种方式，可以利于节假日或空余时间组织一些与社群定位相关的活动，如美食品鉴活动、农产品产地采摘活动等，引导群成员讨论决定活动的方式和项目。一次成功的活动会带动群内一段时间的热点话题，吸引群成员的注意力，为下次活动做铺垫。

3.设置专人管理维护

一般的社群成员体量较大，很难进行点对点服务，这就需要设置专人，即群管理员，对社群进行精心维护，维护方式一般包括举行进群仪式、定期清理群成员、汇总常见问题、促销支持、激励支持等。例如，新人入群时，管理员可举行进群仪式，可以是一段话的自我介绍、成员欢迎、群主发红包、红包接力等，让新进群的成员觉得自己被热情接待，能更好地融入本群。同时，群管理员要定期清理不按群规沟通或是长期不活跃的群成员，从而建立一个更高效的社群。

此外，群管理员还可以汇总整理群成员经常提出的问题及回答模板，并做成图文页，每当有群成员提问时，可将图文页发给对方，这样既能解决群成员当前提出的问题，也能解决群成员后期可能会遇到的问题，提高运营效率。

知识拓展

一、微博发布技巧

1.发布时间规划

选择用户的碎片化时间发布微博，博文的阅读量、评论量、点赞量会更大，转化率也会更高。一般最佳的发布时间为6：00—8：00、12：00—14：00和18：00—22：00。

2.发布频率规划

企业或个人在进行微博推广时，注意发布频率。博文发布过于频繁，会造成刷屏现象，引起用户反感，最终可能会导致用户流失；博文发布间隔太久，可能会淹没在众多的信息流中，导致用户浏览不到信息。一般情况下，每天博文发布不要超过10篇，同时发布间隔应大于1小时，这样既保证了博文的曝光度，又不会让用户反感。

3. 自动发布设置

在进行微博推广时，为了保证推广宣传效果，需要根据微博推广的时间节点发布博文，有时运营人员由于工作或个人等原因，不能在规定的时间内将博文发出，可借助微博自动发布功能定时发布博文。

微博博文PC端自动发布设置的路径：登录微博—进入首页—点击“定时微博”按钮。在定时微博页面编辑内容并设置好博文的发布时间，点击“发送”按钮，到达设定的时间微博就会自动发布。图3–53为微博博文定时发布设置页面。

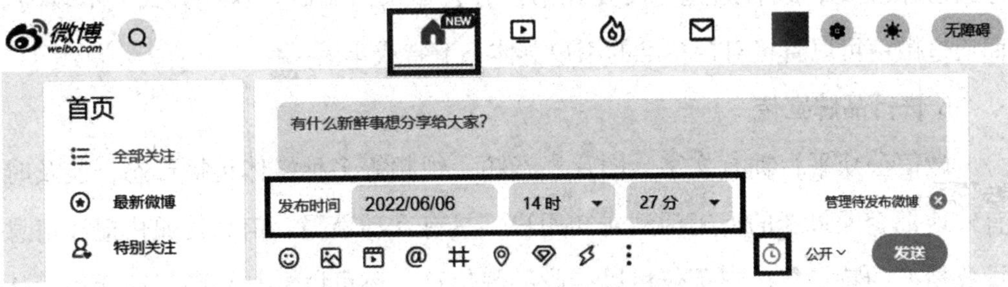

图3–53 微博博文定时发布设置页面截图

二、微信公众号的营销价值

微信公众号的营销价值有以下几方面。

1. 提供信息入口

传统互联网时代，企业需要官网为用户提供信息查询；移动互联网时代，企业依然需要这样的官方入口。基于移动互联网的特点，用户不需要通过点开网页再搜索关键词或输入网址来访问企业官网，只需搜索企业微信公众号昵称就可以获得企业介绍、产品服务、联系方式等信息。

2. 提供客户服务

客户关系管理的核心是通过自动分析来实现市场营销、销售管理和客户服务，从而吸引新客户、保留老客户以及将已有客户转化为忠实客户，增加市场份额。微信作为用户天然的沟通工具，极大地方便了用户与企业之间沟通。将微信与企业原有的CRM（客户关系管理）系统打通，可实现多人人工接入，提高客户服务的满意度。

3.提供电子商务平台

未来，全渠道零售将成为企业连接本地消费者的新路径，能让消费者在不同渠道获得更一致的体验。微信公众号可以实现销售引导，及时把产品或服务信息送达用户，促成交易，缩短营销周期。若消费者在看微信图文时想购买某件商品，不用跳出微信就能直接下单购买，实现选择、下单、支付交易、物流查询、客户服务的高效整合。

4.进行产品调研

产品调研是企业制定经营策略非常重要的环节，大型公司通常由专门的产品经理来负责，或者通过付费委托第三方公司来做调研。这些方式成本较高，而通过微信可以直接对接精准的用户群体，节省成本。

5.进行品牌宣传

微信公众平台拥有文字、图片、音频、视频等多种媒体传播形态，能及时有效地把企业最新的促销活动告知用户，具有互动性强、信息传递快捷和信息投放精准的特点。用户不仅可以接收品牌信息，还可以参与品牌互动活动，从而深化品牌传播，降低营销成本。

6.打通线上线下营销活动

线上与线下营销活动的互通已成为必然趋势，而微信公众号为打通二者提供了更加便利的通道。

三、社群推广的技巧

1.持续输出某个主题的优质内容

如果创建的社群用户是一群喜欢物美价廉的购物者，那么可以原创一些购物攻略、邀请一些淘宝客入驻、发布购物优惠等。

2.要有活跃的社群领袖

社群领袖是社群的精神核心，主动分享干货知识、解答社群中的疑难问题等，其个人影响力促进了社群的活跃。

3.设立行之有效的管理制度

要建立一个优秀的社群，规章制度不可少，比如禁止刷屏、禁止广告、禁止宣传负能量信息等，对于违反群规的成员可以发红包、清退出群等。

4.线上线下高效联动

通过线下活动，引导用户加入社群进行交流，通过线上社群宣传，可以引导用户进入线下实体店了解产品并进行消费等。

5.打造独具特色的社群文化

社群文化就好比企业文化，是一种软实力的宣传。在社群中，通过几个骨干成员的相互配合，尽量打造有趣有料的社群文化，从而让用户产生很强的参与感。

6.做好群裂变管理

社群人数有上限要求，当一个社群成功运营到满员时，可以通过有序裂变，扩大社群影响力，需注意裂变时对于社群文化、社群管理机制等的复制。

课程思政

2021年1月《农业农村部关于落实好党中央、国务院2021年农业农村重点工作部署的实施意见》(以下简称《意见》)出台。《意见》明确提出，要建设一批休闲农业重点县，推介一批美丽休闲乡村、休闲农业和乡村旅游精品景点路线，认定一批全国“一村一品”示范村镇。

休闲农业产业作为农村和农业的新产业新业态，在乡村振兴中扮演着非常重要的角色。而乡村旅游的发展对于推动农村绿色发展，助推“美丽乡村”建设，促进城乡一体化发展，推进农业供给侧结构性改革，盘活闲置农村资源，有效拉动内需，同样有着非常重要的意义。早在2020年2月，农业农村部办公厅印发的《2020年乡村产业工作要点》中就提出，“按照区域、国内、世界三个等级资源优势要求，建设一批资源独特、环境优良、设施完备、业态丰富的休闲农业重点县，打造一批有知名度、有影响力的休闲农业‘打卡地’。2020年，开展全国休闲农业重点县建设”。

《意见》中多处提到乡村基础设施和公共服务建设、乡风治理、宅基地改革、产业统计、金融服务、人才配套等相关内容，这些都与休闲农业重点县建设密切相关，将有效解决制约行业发展的诸多障碍，加快农业与相关产业的融合发展，推动乡村旅游、休闲民宿等规范化、可持续发展。

《意见》中明确提出，“加强农村供水、乡村清洁能源、数字乡村、村级综合服务等公共基础设施建设，推动较大人口规模自然村组、抵边自然村通硬化路”；“认定第六批中国重要农业文化遗产，推动优秀农耕文化展示区建设，加大优秀乡土文化宣传”；“在104个县（市、区）和3个地级市开展新一轮农村宅基地制度改革试点，探索宅基地所有权、资格权、使用权分置有效实现形式。积极稳妥开展农村闲置宅基地和闲置住宅盘活利用试点工作”；“加强农业农村统计调查，将农业及相关产业增加值纳入农业现代化评价指标体系，推进省市县开展增加值统计核算工作”；“鼓励创新开发金融支农模式，有效支持新型农业经营主体和农村新产业新业态”等。

在打赢脱贫攻坚战的过程中，乡村旅游成为诸多贫困地区脱贫攻坚的重要力量。相关统计数据显示，2020年1到8月，全国乡村旅游总人数达12.07亿人次，总收入5925亿元；2019年，全国乡村旅游总人次为30.9亿次，占国内旅游总人次一半以上，乡村旅游总收入1.81万亿元；2018年全国休闲农业和乡村旅游接待人次超30亿，营业收入超过8000亿元。乡村旅游从“有没有”到“好不好”，随着人们对服务品质的要求不断提升，在乡村振兴的大背景下，乡村旅游大有可为。

2021年农业农村重点工作中再次明确建设休闲农业重点县，既是对乡村旅游升级发展提出的新要求，也是实现农业农村现代化的内在要求。

资料来源：中国政府网，www.gov.cn。

项目四　农产品营销策划与设计

微信扫一扫 码上就能学

教学设计·项目四

2016年以来，历年中央一号文件多次强调要大力发展农村电商，强调农产品上行是重中之重，要加快农产品电商的体系建设。据中国农业大学智慧电商研究院和艾媒研究院联合发布的《2021年中国农货新消费发展专题研究报告》显示，2020年，农业农村部通过以奖代补、贷款贴息、优惠电价等措施，支持超9000个新型农业经营主体在农货产区新建或改建1.4万个仓储保鲜冷链物流设施，涉及农产品规模超过600万吨。数据显示，中国农产品在线上渠道的消费规模不断扩大，2020年已达到6107亿元。农村电商在数字化阶段，掌握如何挖掘农产品特色、如何策划农产品营销等技能，成为让农产品脱颖而出、快速抢占消费者以及打开市场的重要环节。

本项目包含两个子项目，共计四个学习任务。

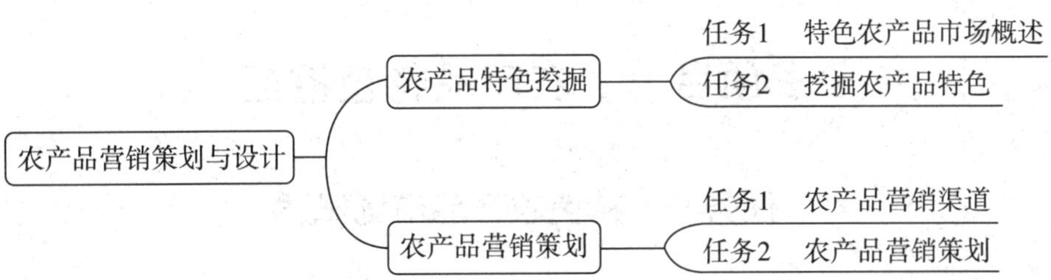

学习目标

微信扫一扫 码上就能学

教学课件·项目四

❖ 知识目标

1. 了解特色农产品分类。

2. 明确并区分不同的农产品营销渠道。

3. 了解农产品营销策划的流程。

❖ 能力目标

1. 掌握挖掘农产品特色的方法。

2. 能够根据农产品特色选择相应的营销渠道。

3. 能够完成农产品营销策划方案。

❖ 思政目标

了解我国政府引导不断拓宽贫困地区农产品营销渠道，助力脱贫攻坚和乡村振兴的相关政策。

项目导入

花姐经营着一家名为“巧妇鲜果园”的淘宝店，网店主营广西特色水果。由于拥有当地比较优质的货源采购渠道，花姐精心经营后，网店效益不错。随着水果销售旺季的来临，淘宝网上涌现出了很多销售广西特色水果的网店，花姐网店的销量日渐下滑。为了提升网店知名度、破解经营困局，花姐决定以广西当季特色水果平南石硖龙眼为主推商品，通过细致营销策划，在众多水果网店中凸显出“巧妇鲜果园”的特色。

子项目一　农产品特色挖掘

任务一　特色农产品市场概述

经国务院同意，2021年6月11日，商务部等17部门印发的《商务部等17部门关于加强县域商业体系建设　促进农村消费的意见》提出，“十四五”时期，实施“县域商业建设行动”，建立完善县域统筹、以县城为中心、乡镇为重点、村为基础的农村商业体系。到2025年，在具备条件的地区，基本实现县县有连锁商超和物流配送中心、乡镇有商贸中心、村村通快递，年均新增农村网商（店）100万家，培育30个国家级农产品产地专业市场，经营农产品的公益性市场地市级覆盖率从40%提高到60%。花姐正是乘着政策的东风，自主创业，以淘宝店为基点，销售广西的特色农产品。

一、特色农产品定义

特色农产品就是人们俗称的“土货”，是指在传统农业发展过程中，由于地理环境、市场变化、技术发展等原因形成的具有资源条件独特性、区域特征显著性、产品品质特殊性和消费市场特定性的农产品，其主要包括地域特色、工艺特色、营销特色、售后特色四个方面。

1.地域特色

我国地域广阔，北至黑龙江省漠河市北端的黑龙江主航道中心线，南至海南省南沙群岛曾母暗沙，南北最大跨度约49度；西起新疆维吾尔自治区帕米尔高原，东到黑龙江省黑龙江与乌苏里江主航道中心线的汇合处，东西最大跨度约62度。这种独特的地理条件让我国不同地域的农产品表现出了不同的特点。

2.工艺特色

在农产品生产过程中，可以利用与其他企业不一样的流程打造自己的特色产品，让不同农产品经过加工呈现出不同的地域工艺特色。

3.营销特色

随着移动互联网的快速发展，农产品电商正逐渐成为农产品营销的新通路，包括网上农产品期货交易、网上农产品衍生品交易、大宗农产品电子交易、农产品网络零售交易、实体企业O2O交易、农产品网上交易会等，这些营销方式各具特色。

4.售后特色

在电子商务的推动下，农产品逐渐向规范化、标准化、产业化方向发展，围绕“一县一业、一乡一特、一村一品”的思路，保障产品的品质和质量，各个区域布局极具特色的农产品，提供从采摘、包装、打包、发货、跟踪等全流程的特色售后服务。

二、特色农产品分类

按照农产品成长过程，农产品大致可分为种植类农产品、畜牧类农产品、水产类农产品三大类。因地域不同，各个地区的特色农产品各有不同，下面，以广西特色农产品为例进行分析。

1.种植类农产品

以种植为主的农产品，包括水果、药材、茶、农作物等。广西的特色水果有百色芒果、富川脐橙、融安金桔、平南石硖龙眼等；广西的特色药材有白果、金银花、八角、田七、茯苓等；广西的特色茶有桂平西山茶、横县茉莉花茶、凌云白毫茶、覃塘毛尖茶等；广西的特色农作物有玉林优质谷、河池羊角皱椒、横县大头菜、八步红瓜子、田林八渡笋等。

2.畜牧类农产品

畜牧业，农业的主要组成部分之一，与种植业并列为农业生产的两大支柱。畜牧类农产品是采用放牧、圈养或者二者结合的方式饲养畜禽以取得动物产品或役畜，或者人工饲养、繁殖野生动物以取得肉、蛋、奶等畜产品。广西的特色畜牧类农产品有陆川猪、玉林三黄鸡、东山猪、龙胜凤鸡、龙胜翠鸭等。

3.水产类农产品

水产类农产品根据养殖水体盐度的高低，可大体分为海水养殖水产品和淡水养殖水产品两类，包含水产动植物产品及其加工产品。广西的特色水产类农产品包括宜州罗非鱼、河池鲟鱼、桂林田螺、北海生蚝等。

三、特色农产品的生命周期

特色农产品的生命周期，是一个特色农产品从进入市场开始，直到最终退出市场为止所经历的市场生命循环过程，一般分为导入期、成长期、成熟期、衰退期四个阶段，每个阶段的产品特点、营销策略及应对措施如表4–1所示。

表4–1　　特色农产品的生命周期各阶段产品特点、营销策略及应对措施

生命周期	产品特点	营销策略	应对措施
导入期	（1）生产销量少 （2）加工成本高 （3）营销费用高 （4）企业利润低 （5）产品价格偏高	采取高品质、高定价策略	做好农产品培育基地的配套设施及品质控制

续表

生命周期	产品特点	营销策略	应对措施
成长期	（1）销势强劲 （2）品质日趋稳定 （3）规模化生产逐渐形成 （4）市场需求量明显提高	（1）改进农产品性能 （2）增加品种 （3）扩展销售农产品市场	讲好故事，做好营销
成熟期	（1）结构基本定型，技术成熟 （2）价格差距不大，竞争处于"白热化"	从品质、定价、渠道、促销四个方面对农产品加以改良	回归产品品质，提高附加价值
衰退期	（1）产品"超龄" （2）销量急剧下降	（1）继续经营策略 （2）集中策略 （3）放弃策略	打破固态，借助互联网对产品进行创新升级

任务二　挖掘农产品特色

挖掘农产品特色，即挖掘农产品卖点，通过多个维度，打造产品的差异化，发挥出特色鲜明的农产品应有的经济效益，推进农业产业化发展。花姐既然决定调整网店的主推商品为平南石硖龙眼，就需要对这款广西当季特色水果从独特性、基础特点、延伸特点三个方面进行挖掘。

一、独特性

1.挖掘情感诉求

从消费者角度出发，反映消费者的体验和感受，会让产品有较高的认同感。对于农产品消费市场而言，如今消费者更加注重品牌、健康、安全等问题，从消费者对于产品的感受出发，提炼出情感特点，是挖掘情感诉求的切入点。

平南石硖龙眼，是广西壮族自治区贵港市平南县特产，全国农产品地理标志。2018年，平南石硖龙眼被认定为首批广西农产品区域公用品牌；2019年入选中国农业品牌目录，其生产过程严格执行原农业部推荐的《无公害食品　龙眼生产技术规程（NY/T 5176—2002）》，选用肥料种类以有机质肥为主，不使用违禁农药，果园整洁卫生。

2. 挖掘种植特色

农作物的种植技术包括选地、整地、播种、施肥、灌溉、田间管理和收获等综合农业技术措施。从种植上挖掘出农产品的独特之处，能激发消费者的购买欲望。

平南石硖龙眼，与其他龙眼相比，其种植的独特之处在于：传说平南石硖龙眼是从大石缝中长出来的，由于树根被大石夹住，只好往土层深处钻，吸收了天地灵气。1927年，由大新镇覃敬清先生，利用学到的果树嫁接技术，用石山上的龙眼树，成功嫁接培植了108株龙眼树苗，后作为母本树存于中国石硖龙眼母本园中。平南石硖龙眼已成为平南当地的电商名片，广受认可。

3. 挖掘功能属性

产品的功能属性是需要重点挖掘的特性之一，基于产品的食用价值、药用价值等方面进行深入挖掘，从而提炼出产品的特性和特点。

平南石硖龙眼区别于晒干后的龙眼，对人体具有良好的补益、调节作用，是养生滋补的良品。再结合中药养生研究，可以提炼出平南石硖龙眼的相关方面的功能和特性。

4. 挖掘品牌属性

一个好的品牌可以给农产品注入新的活力，促进产品的发展，提升产品销量，还能获得产品的附加值，赢得消费者的认可。

平南石硖龙眼，品牌历史文化深厚，曾获得首届中国农业博览会银质奖，第二届中国农业博览会金奖和国家地理标志认证等多项荣誉。平南县不断提升平南石硖龙眼品牌的市场知名度，把品牌与产地的概念紧密挂钩，实现构建农产品区域公用品牌的目标。

二、基础特点

1. 挖掘品质特点

随着全民消费水平的提升，人们的消费观念也发生了很大变化，已由“吃得饱”向“吃得好、吃得安全”转变。而提高农产品质量的关键是提高农产品的品质，这就促使经营者在推广农产品时需主动宣传品质特点，包括品种、形态、口感等。

平南石硖龙眼，被称为“龙眼珍品”，从品种上看，可以分为黄壳石硖、青壳石硖及宫粉壳石硖三种；从形态上看（以黄壳石硖为例），果实呈圆球形或略歪的扁圆球形，单果重7.5～10.6克，肉厚0.5厘米左右，易离核；从口感上分析（以黄壳石硖为例），肉质爽脆、浓甜并带有蜜味，果汁较少，品质极佳。

2.挖掘利好点

基于功能属性的挖掘，可从消费者利好的角度出发，阐述清楚消费者使用完产品之后的获得的好处。

平南石硖龙眼有“益智果”之称，当地的传说还将其誉为“长寿果”，坚持长期食用龙眼，能够起到滋养补益的作用。

3.挖掘绿色健康特点

民以食为天，食以“绿”为源。随着生态文明建设的全面推进，国家提出农业生产必须唱响绿色循环发展的主旋律，提升绿色食品品质和竞争力。农产品电商企业可以从绿色健康的方面对产品特色进行挖掘。

平南石硖龙眼“富硒”，恰好符合选购需求，也成为其称霸龙眼市场的主要卖点。

三、延伸特点

1.概念延伸

综合情感诉求、种植特色、品质特点等核心卖点，为消费者提供一套全面的解决方案，借助全新的概念，为传统的农产品创造出独特的卖点，带来新的商机。

引入绿色食品标准，从产地环境、生产技术、产品、包装、储藏运输等环节进行可视化追溯，打造出“透明可视的绿色食品”理念，让消费者购买的不仅是产品，还是产品背后的农业新科技。

2.服务延伸

良好的服务在消费者对产品整体评价维度中占比很大，加强产品服务，不仅能增强农产品的竞争力，更能提高农产品的附加值。农产品电商应从消费者的情感体验与需求及产品使用方面提供更多的服务，包括农产品知识介绍、农产品烹饪方式等。

平南石硖龙眼，可以在产品包装盒中备一份养生食谱，如龙眼虾球、龙眼酿肉、龙眼干荞麦粥等的烹调方法，从而提升产品附加值。

3. 文化延伸

整合农产品当地的文化，深入挖掘农产品所衍生的文化，有效地将人文要素融入农业生产，打造农产品背后的“人文、趣味、温度”。

平南县作为中国石硖龙眼之乡，为了打造“农事节庆品牌”，每年7月会举办“富硒石硖龙眼节”，举办丰富多彩的特色农产品展销、石硖龙眼线上线下销售、参观石硖龙眼核心示范区等活动，这些丰富的文化活动让平南石硖龙眼的知名度、美誉度和影响力大幅提升。

子项目二　农产品营销策划

任务一　农产品营销渠道

花姐挖掘出了平南石硖龙眼的特色后，在营销之前，还需要先了解农产品常见的营销渠道，包括城乡农贸市场、农产品批发市场、农产品连锁超市、农产品直销店、直播带货、微商、电商、社群等。

1. 城乡农贸市场

城乡农贸市场作为农产品分销渠道，在满足城乡居民日常生活需求、促进农产品销售、繁荣城乡经济等方面发挥着重要作用。随着国民经济的发展，传统的农贸市场逐渐不能适应农业产业化的发展和消费者日益增长的需求。

2. 农产品批发市场

全国各地兴建了许多大型的农产品批发市场（如图4-1所示），批发商从农户手中批量购买的农产品，先统一运输到农产品批发市场，然后从批发市场转移到农产品零售商手中，最后消费者从农产品零售商手中购买。

图4-1　广西金桥国际农产品批发市场

3.农产品连锁超市

农产品连锁超市（如图4-2所示），一方面，方便周边消费者的日常购买；另一方面，农产品连锁超市比农贸市场更加规范，更易受广大消费者信任。

图4-2　广西武鸣某农产品连锁超市

4.农产品直销店

农产品直销店营销多借助品牌的影响力，以厂家直销、产地直销的方式，省去中间商环节，是直接面向消费者的一种线下营销模式。农产品直销店的经营需要投入大量的资金、资源、人力，中小型农产品生产者的实力很难承担，往往需要政府或者农业龙头企业牵头。如图4-3所示。

图4-3 农产品直销店示例

5. 直播带货

直播带货是近几年农产品营销的一个风潮，不仅能打开市场销路，对农产品品牌塑造、品牌知名度和影响力的提升也有积极意义。2020年，广西14个设区市的数十名领导干部走进网络直播间，热情推荐各地最具代表性的60多款特产，以最低5折的力度进行促销，为农产品打开一条畅销之路。

6. 微商

微商是通过微信朋友圈以图文、视频等形式发布自己的农产品信息，农产品较适合以这种分享模式去销售，当客户从农产品微商朋友圈里了解到他买的产品是如何种植、成长、采摘、打包的（如图4-4所示），自然有一种信任感，就会咨询下单。

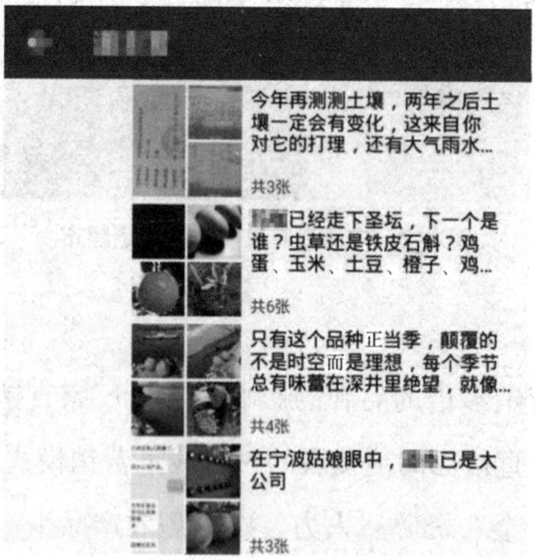

图4-4 微商朋友圈营销示例

7. 电商

随着互联网的快速发展，利用电商平台对农产品进行展示及推广（如图4–5所示），已经成为现阶段农产品营销的重要模式。2021年6月，农业农村部管理干部学院、阿里研究院联合发布的《农产品电商出村进城研究：以阿里平台为例》报告显示，2020年，阿里平台实现农产品销售额3037亿元，比2019年增长超过50%。电商不仅有效解决了农产品上行问题，更推动了农产品管理向数字化转型。

8. 社群

社群是将具有共同标签、兴趣、爱好、需求的人聚合到一起，方便他们一起交流沟通，如樱桃爱好者群、素食爱好者群、苹果爱好者群是基于对农产品有相同需求的人组成的群体。而农产品商家可以通过建立的社群，以分享、交流的方式进行人性化营销，从而实现用户价值转化。如图4–6所示。

图4–5　平南石硖龙眼电商主图示例

图4–6　某鲜果社群营销示例

任务二　农产品营销策划

了解了农产品营销渠道之后，接下来，花姐需要围绕网店主推商品平南石硖龙眼进行营销策划，具体操作步骤如下。

步骤1：市场分析。在营销推广中，通过科学的数据进行市场分析，研究产品在市场的销售潜力，同时定位主要的目标人群，从而帮助经营者采取正确的经营战略。花姐通过收集数据，了解到龙眼的消费者年龄以20～39岁为主，如图4–7所示。

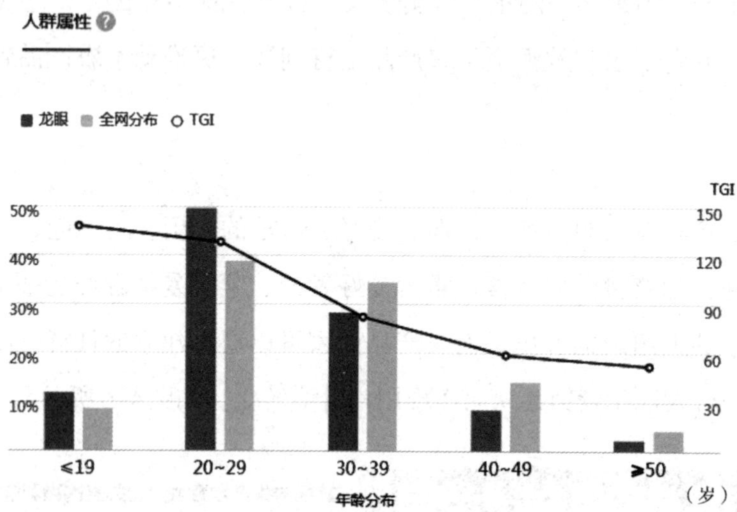

图4–7 “龙眼”搜索人群年龄分布

资料来源：百度指数。

年龄在20～39岁的消费者，大部分已经成家，拥有稳定的工作，他们关心家人日常饮食的营养搭配，注重食材的品牌与质量，且人均消费水平尚可，花姐分析得出其在日常购物时对于价格的敏感度较低，反而更看重品牌影响力、网店好评度、商品口感等。

步骤2：选择细分卖点。通过步骤1，花姐已确定了目标人群，但是由于目标人群属性分析具有共通性，竞争对手也可以做出相应的判断，市场竞争依然很激烈，所以花姐还需要更精准地挖掘产品的细分卖点，比如从农产品的人文关怀和特色创意方面切入。近些年，随着健康饮食理念的深入人心，平南石硖龙眼的特色卖点可以考虑从绿色农产品方向提炼。

步骤3：产品精准定位。通过步骤2的卖点判断分析，花姐将网店的新品平南石硖龙眼定位为“纯天然的新鲜龙眼”（见图4–8），将目标消费群体聚焦到20～39岁的消费群体，主推产品的绿色天然、无污染、新鲜、营养等特色卖点，从绿色有机、产品口感等方面触动消费者，从而吸引潜在消费群体，使得产品具有竞争力。

图4–8　龙眼产品细节示例

步骤4：分析当前营销环境。花姐对平南石硖龙眼的销售方向进行精准定位之后，还需要对于平南石硖龙眼当前的销售环境进行分析，她通过店透视和店侦探等工具，了解到如下情况。

①基础属性。根据店侦探数据显示，龙眼的卖家发货地集中在广东、福建两省，如图4–9所示。

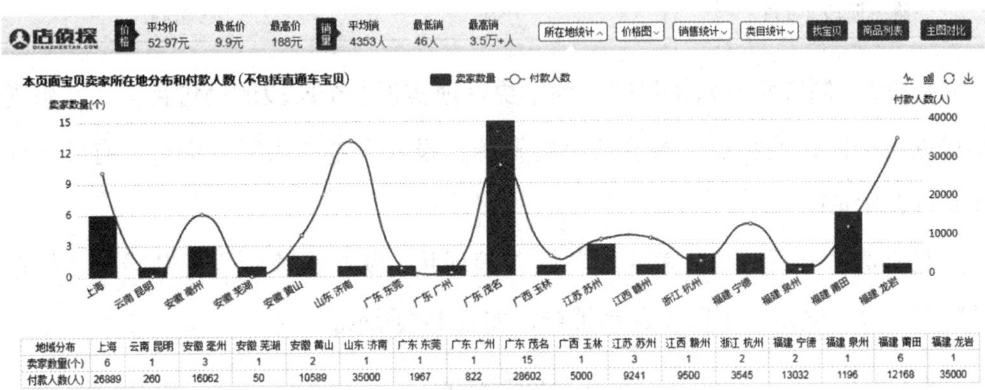

地域分布	上海	云南 昆明	安徽 亳州	安徽 芜湖	安徽 黄山	山东 济南	广东 东莞	广东 广州	广东 茂名	广西 玉林	江苏 苏州	江西 赣州	浙江 杭州	福建 宁德	福建 泉州	福建 莆田	福建 龙岩
卖家数量(个)	6	1	3	1	2	1	1	1	15	1	3	1	2	2	1	6	1
付款人数(人)	26889	260	16062	50	10589	35000	1967	822	28602	5000	9241	9500	3545	13032	1196	12168	35000

图4–9　龙眼基础属性页面截图

②价格分布。在淘宝的龙眼行业，买家收藏和采购最多的商品价格都集中在0～30元，如图4–10所示。

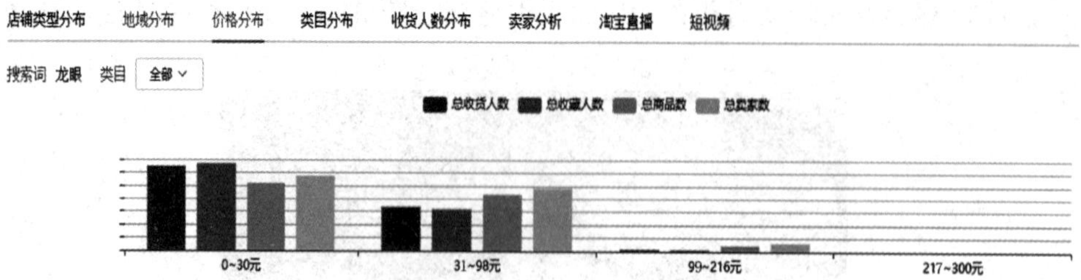

图4-10　龙眼价格分布页面截图

步骤5：制定阶段销售目标。花姐通过步骤4的分析，基本掌握了当前龙眼市场上的营销环境状况，接下来需要根据以往“巧妇鲜果园”的线上销售转化情况，制定主推产品的营销目标。由于农产品具有显著的生长周期，销售淡季和旺季十分明显，网店应该抓住旺季的营销优势。平南石硖龙眼的采摘时间为7—9月，那么这段时间就是龙眼鲜果的销售旺季，需要有针对性地制定阶段销售目标。

花姐制定的总体销售目标为1万千克，将产品规格分为大、中、小三种果型，分三个阶段完成销售目标，具体如表4-2所示：

表4-2　阶段销售目标　单位：千克

阶段	主推果型	销售目标
第一阶段（7月）	大果	3000
第二阶段（8月）	中果	5000
第三阶段（9月）	小果	2000

步骤6：制定阶段营销策略。为了更好地实现各个阶段的销售目标，花姐需要根据各个阶段的特点，整合所有的资源，投入大量的人力及资金，有针对性地制定营销策略。

花姐通过分析“巧妇鲜果园”的营销现状，从扩大流量、提升转化、打造品牌等维度，制定出了阶段营销策略，如表4-3所示。

表4-3　阶段营销策略

阶段	营销策略	推广手段
第一阶段（7月）	（1）高价策略 （2）快速渗透策略 （3）活动策略	（1）群发短信 （2）网店付费推广 （3）龙眼节活动

续表

阶段	营销策略	推广手段
第二阶段（8月）	（1）矩阵营销策略 （2）情感策略 （3）促成策略	（1）新媒体营销矩阵 （2）关联营销
第三阶段（9月）	（1）低价策略 （2）活动策略	促销活动

步骤7：制定阶段执行策略。营销策略是基于网店的运营积累与推广实力制定的，符合网店日常经营的实际情况，为了保障销售目标的实现，需要在执行的过程中实时监控营销效果及目标达成情况，进行营销策略及推广手段的调整与优化。

花姐为了掌握平南石硖龙眼各个阶段的销售情况，特别制定了经营数据日汇报的执行策略，每晚8点整理出前一日的网店访问量、成交总数、成交额、成交订单数、加购数、收藏数等数据，具体模板可见表4–4。

表4–4　　经营数据汇报

日期	网店访问量	成交总数（千克）	成交额（元）	成交订单数	加购数	收藏数	推广费用（元）

还可以根据经营数据分析需要，整理出其他数据，如成交转化率、支付转化率、流量来源等。

步骤8：规划细致的实施计划。通过以上步骤，花姐基本上完成了平南石硖龙眼的营销策划工作，为了更加有效地推进营销工作，花姐还需要制定出细致的实施计划，安排好了团队成员之间的分工，如表4–5所示。

表4–5　　实施计划及时间节点

序号	工作内容			完成时间	责任人	备注
1	详情页设计	主图设计	—	7月5日	小陈	
2	产品上架	站内推广	社群公告	7月7日	小李	
3	关键词优化	短视频推广	—	7月8日	小李	
4						
5						

步骤9：撰写农产品营销策划方案。花姐将前面8个步骤策划的内容，汇总整理成一份完整的“巧妇鲜果园”平南石硖龙眼营销策划方案，包括营销目的、营销时间、营销推广计划、活动预算、团队配合等。农产品营销策划方案的撰写框架可以参考如下模板。

“巧妇鲜果园”平南石硖龙眼营销策划方案

一、营销目的

1.通过挖掘新品平南石硖龙眼独特的地域特点、产品特点、营养功效等营销点，在水果类目销售中避免价格比拼、客源争抢等恶性竞争，激发消费者的欲望，提升平南石硖龙眼的品牌知名度。

2.提升网店流量，吸引更多客源，提升营销转化。

3.打造网店的信誉度，提升用户的忠诚度，并完成销售目标。

二、营销时间

2020年7月—9月。

三、营销推广规划

在整个网店经营过程中，需要完成的营销推广规划如表4–6所示。

表4–6 营销推广规划

序号	事项		内容形式	负责人	完成时间
1	网店装修	主图设计	白底图1张、场景图2张、细节图2张	小陈	7月5日
		详情页设计	包含宣传推广、商品规格、商品细节、食用方法、品质保障、物流说明等	小陈	7月5日
2	产品上架	标题设置	提炼核心特点为关键词并融入商品标题中	小李	7月7日
		商品描述	商品详情描述	小李	7月7日
		商品规格	礼盒型、3千克装、5千克装	小李	7月7日
3	产品推广	站内推广	直通车、微淘、商家群、淘宝客	小李	7月7日
		短视频推广	试吃、食谱、采摘等	小李	7月8日
		站外推广	微信公众号、微信群、短信、微博、QQ群、朋友圈	小李	7月9日

续表

<table>
<tr><th>序号</th><th colspan="2">事项</th><th>内容形式</th><th>负责人</th><th>完成时间</th></tr>
<tr><td rowspan="3">4</td><td rowspan="3">引流转化</td><td>经营数据分析</td><td>日数据统计、周数据分析</td><td>小李</td><td rowspan="3">7月7日—16日</td></tr>
<tr><td>关键词优化</td><td>基于生意参谋的数据分析进行优化</td><td>小李</td></tr>
<tr><td>推广策略优化</td><td>凸显特色、提炼核心卖点</td><td>小李</td></tr>
<tr><td rowspan="3">5</td><td rowspan="3">活动宣传</td><td>线下活动</td><td>2020年中国（平南）富硒石硖龙眼节</td><td>花姐</td><td>7月31日</td></tr>
<tr><td>线上活动</td><td>龙眼试吃员招募、分享送优惠券、幸运抽奖</td><td>小李</td><td>7月18日—30日</td></tr>
<tr><td>直播实施</td><td>抖音直播推广</td><td>花姐</td><td>7月20日—30日</td></tr>
<tr><td>6</td><td>营销复盘</td><td>第一阶段营销复盘</td><td>针对目标达成情况、营销推广效果进行复盘分析</td><td>全体成员</td><td>7月31日</td></tr>
<tr><td rowspan="2">7</td><td rowspan="2">品牌塑造</td><td>品牌理念宣传</td><td>打造平南石硖龙眼品牌</td><td>小李</td><td rowspan="2">7月7日—9月30日</td></tr>
<tr><td>品牌故事营销</td><td>讲述平南石硖龙眼品牌故事</td><td>花姐</td></tr>
<tr><td rowspan="2">8</td><td rowspan="2">新品上架</td><td>商品设计</td><td>中果包装设计、主图设计</td><td>小陈</td><td>8月1日</td></tr>
<tr><td>商品描述</td><td>商品详情描述</td><td>小陈</td><td>8月1日</td></tr>
<tr><td rowspan="2">9</td><td rowspan="2">营销推广</td><td>站内推广</td><td>满立减、直通车</td><td>小李</td><td>8月3日</td></tr>
<tr><td>站外推广</td><td>社群推广、会员策略</td><td>小李</td><td>8月3日</td></tr>
<tr><td rowspan="3">10</td><td rowspan="3">活动促销</td><td>策划活动</td><td>根据第一阶段销售目标达成策划线上促销活动</td><td>全体成员</td><td>8月5日</td></tr>
<tr><td>实施活动</td><td>实施新的促销活动</td><td>全体成员</td><td>8月10日—25日</td></tr>
<tr><td>效果评估</td><td>结束促销后评估销售结果</td><td>全体成员</td><td>8月26日</td></tr>
<tr><td>11</td><td>营销复盘</td><td>第二阶段营销复盘</td><td>针对目标达成情况、营销推广效果进行复盘分析</td><td>全体成员</td><td>8月31日</td></tr>
<tr><td rowspan="2">12</td><td rowspan="2">天天特价</td><td>商品设计</td><td>小果包装设计、主图设计</td><td>小陈</td><td>9月1日</td></tr>
<tr><td>活动上线</td><td>新品上线、活动报名、活动上线</td><td>小李</td><td>9月1日</td></tr>
</table>

续表

序号	事项		内容形式	负责人	完成时间
13	淘宝直播	直播策划	预热宣传、直播方案策划	全体成员	9月5日—9日
		直播实施	直播推广	花姐	9月10日—20日
		直播复盘	每日直播结果复盘	全体成员	9月10日—20日
14	多样化促销	折扣促销	根据情况进行	花姐	9月15日
		特惠促销	根据情况进行	小李	9月20日
		联名促销	跨界营销	花姐	9月25日
15	营销复盘	第三阶段营销复盘	针对目标达成情况、营销推广效果进行复盘分析	全体成员	9月29日

四、活动预算

活动预算即活动的各项费用，在根据实际情况进行具体、周密的计算后，用清晰明了的形式列出。

五、团队配合

1. 美工

①设计网店首页及详情页。

②设计直通车、钻展图片。

③设计活动宣传配图。

2. 客服

①规范客服用语，如新品推荐、新品引导等。

②设置客服快捷回复。

3. 物流

①排查物流异常。

②修改错误的收货信息。

结合营销方案，花姐的网店开展了具体的活动，在实施过程中，除了要完成上述工作，花姐还应根据营销方案提前协调资源，合理安排相关人员的工作，保证营销计划如期、有序推进。

知识拓展

一、电商助力农业成为新趋势

2021年6月24日，农业农村部管理干部学院、阿里研究院联合发布《农产品电商出村进城研究：以阿里平台为例》。这是2013年以来的第7份阿里农产品电商报告。

报告发布了农产品电商“百强县”名单。其中，宿迁市沭阳县（花木）、泉州市安溪县（铁观音）、徐州市丰县（苹果）、烟台市栖霞市（苹果）、南平市武夷山市（大红袍、金骏眉）、金华市武义县（花果茶）、泰州市兴化市（调味品）、连云港市东海县（绿植、腰果）、宁德市福鼎市（白茶）、哈尔滨市五常市（大米）位居全国前十。

根据阿里数据，农产品电商百强县中，山东有20个县上榜，江苏14个县、福建13个县紧随其后。上述三省合计占百强县近半数。位列第四的浙江有12个县入选。

2021年因“北上广曹”大火的山东曹县，没有进入农产品电商百强县名单。原因很简单，曹县的最强项不是农产品电商。曹县拥有17个淘宝镇、151个淘宝村，位列全国第二，其电商产业以演出服、汉服、木制品为主。事实上，在曹县，电商反哺农业正在成为新趋势，互联网销售带动当地出现一批辣椒种植农民专业合作社。为了给辣椒做存储保鲜分级，曹县又建成了大型冷库及生鲜物流链。

二、农产品电商健康发展的秘籍

《农产品电商出村进城研究：以阿里平台为例》，报告提出，农产品电商要实现出村进城，需要“过五关斩六将”。

其中“过五关”具体指的是以下内容：

过“搜寻成本”关。搜寻成本会影响商品的多样性和流通渠道的可获得性，进而影响供应商与消费者的匹配。电商大幅提升了农产品被消费者搜索到的可能性，促进了农产品的销售。

过“复制成本”关。线上商品的销售链接作为一个电子产品，在微信等各种社交平台上，复制、传播的边际成本基本为零。虽然农产品本身的复制成本受到生产条件和资源环境的制约，但是产品销路较好可以激励新型农业经营主体扩大产品生产，电商销售也可以促进产品标准化、包装小型化，降低销售的每单农产品成本，甚至品牌当中所传播的故事，都可以通过电商平台进行零边际成本传播。

过“运输成本”关。通过电商业态，农产品生产经营主体可以直接对接消费者，不必经过相应的批发流通环节，一定程度上节约了运输成本。

过“追踪成本”关。消费者能够购买到更加个性化的产品，农业经营主体也更加容易掌握消费者的特征，提供适销对路的产品。

过“验证成本”关。农业经营主体更加可以通过社交平台等建立信誉体系，形成一种数字化“信誉”“声望”。通过互联网，农产品质量安全更可追溯，更能够取得消费者的信任。

“斩六将”具体指的是以下内容：

斩一将：“产品”。农产品“网销难”和“爆品缺”并存，主要原因在于农产品在自然属性和商品属性上还不适应电商发展的要求，未来要“文化赋能”和热点营销打造电商爆品。

斩二将：“主体”。农产品电商经营主体小散乱杂，主要原因在于农产品电商主体成长性和经营可持续性受到市场、自然双重制约，未来要促进种养大户转型和农户内部培养并举，培育电商主体。

斩三将：“技术”。当前支撑农产品电商的加工流通技术应用滞后，主要原因在于经营主体实力不强、基础设施建设落后是技术推广的瓶颈，未来要促进产学研、政府与社会资本合作破解技术应用难题。

斩四将：“渠道”。农产品电商市场表现为销量小、利润薄，主要原因在于农产品电商本身的局限性导致适合农户经营并获益的渠道较少，未来要更加注重培育促进本地市场互联互通的电商渠道。

斩五将：“人才”。农产品电商人才培养不出、挽留不住，主要原因在于农村居民教育文化水平偏低和电商培训与需求脱节造成农产品电商人才稀缺，未来要内生外引相结合，提升本地电商人才实用技能。

斩六将："平台"。农产品电商信息、金融、法律等服务特别缺乏，主要原因在于农产品电商的各类服务需要第三方平台整合资源、及时服务，未来要政府与社会资本合作建设电商综合服务平台。

课程思政

2019年1月，商务部等10部门联合印发《多渠道拓宽贫困地区农产品营销渠道实施方案》(以下简称《实施方案》)。《实施方案》确定主要目标，到2020年，贫困地区农产品营销渠道不断拓宽，农产品产销对接更加紧密、稳定，农村物流配送体系和农产品冷链物流设施逐步完善，对贫困地区产业发展的带动作用得到增强，服务脱贫攻坚的能力和水平进一步提升。

《实施方案》提出，落实多渠道拓宽贫困地区农产品营销渠道任务，要以习近平新时代中国特色社会主义思想为指导，按照中央统筹、省负总责、市县抓落实的工作机制，聚焦多渠道、聚焦贫困地区，开展多种形式的农产品产销对接活动。

《实施方案》明确四项重点任务：一是推动流通企业与贫困村建立长期稳定的产销关系，支持和鼓励农产品批发市场、零售企业和农产品电商企业设立贫困地区农产品销售专区、专档、专柜和电商扶贫频道，引导贫困地区发展特色、优势农产品产业；二是组织开展贫困地区农产品定向直供直销活动，推广以购代捐的扶贫模式，推动学校、医院、机关食堂和交易市场等从贫困地区直接采购农产品；三是完善贫困地区农村物流配送体系，推动供销、邮政、快递、交通运输企业在农村地区扩展合作范围、合作领域和服务内容，探索开展农村渠道共建、设施共享、业务代理合作；四是加强特色优势农产品生产基地冷链设施建设，补齐"最先一公里"冷链物流短板，提高农产品附加值和市场竞争力。

资料来源：中华人民共和国商务部官网，www.mofcom.gov.cn。

项目五　农产品品牌策划与管理

微信扫一扫
码上就能学
教学设计·项目五

2021年中央一号文件强调“要深入推进农业供给侧结构性改革，推动品种培优、品质提升、品牌打造和标准化生产”。在“国内国际双循环”新发展格局下，深入实施品牌强农战略，对全面推进乡村振兴、加快农业现代化具有重要意义。

农产品品牌，作为农产品发展过程中的重要组成部分，承担着推介特色农产品、传递特色农业形象、提高农产品价值的作用。然而，现阶段我国农产品品牌建设相对滞后，很大程度上影响了农产品电商的发展进程。因此，实施品牌强农战略，已成为推动农业转方式、调结构，加快推进农业现代化的一项紧迫任务。

本项目将围绕农产品品牌策划与管理展开讲解，依次从品牌概述、品牌定位与设计、品牌传播与管理三个子项目展开，帮助学生了解与掌握品牌策划与管理的相关知识与技能，使其具备一定的农产品品牌策划与管理能力。

本项目包含三个子项目，共计六个学习任务。

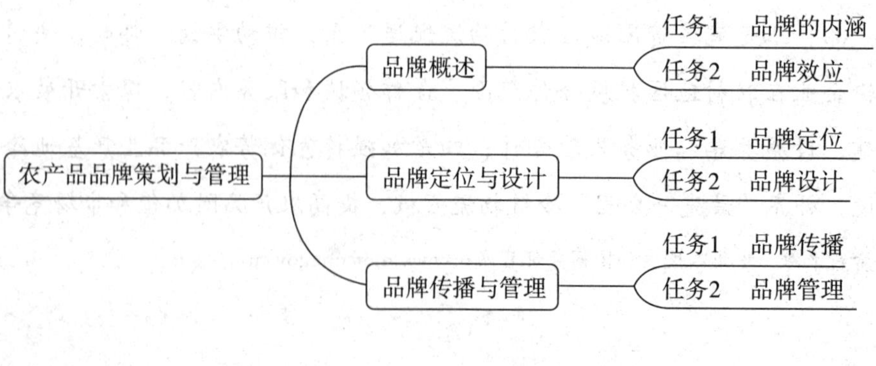

学习目标

微信扫一扫
码上就能学
教学课件·项目五

❖ 知识目标

1. 了解品牌的定义与构成。

2. 明确品牌可以为企业带来的五大效应。

3. 了解品牌定位与设计。

4. 明确品牌管理的具体方法。

❖ 能力目标

1. 能够对品牌进行准确定位。

2. 能够完成品牌的设计。

3. 能够进行品牌的有效传播。

4. 能够对品牌进行初步管理。

❖ 思政目标

了解最新的农业品牌政策。

项目导入

吴莹是一家主营广西农产品的电商公司的运营专员，随着公司的不断发展，部门领导希望吴莹能够在农产品品牌策划与管理方面进行学习与深造。为此，吴莹展开了对品牌相关知识的学习，并在此基础上，通过咨询业内资深从业者以及上网查找资料的方式，收集了广西农产品品牌策划与管理的成功样例——“沁漓”罗汉果，在对该样例展开分析后，归纳出其品牌孵化全过程，进行深度学习和自我提升。

子项目一　品牌概述

学习农产品品牌策划与管理，首先需要了解什么是品牌，吴莹通过学习、整理相关资料，对品牌形成了以下认知。

任务一　品牌的内涵

一、品牌的定义

“现代营销学之父”菲利普·科特勒在《市场营销学》一书中对品牌的定义是，销售者向购买者长期提供的一组特定的特点、利益和服务。品牌是一个名称、名词、符号或设计，或者是它们的组合，其目的是识别某个销售者或某群销售者的产品或劳务，并使之同竞争对手的产品和劳务区别开来。

广义的品牌是具有经济价值的无形资产，狭义的品牌是一种拥有对内对外两面性的标准或规则。

可见，产品品牌是与产品有关的，其包含两个层次的含义：一是指产品的名称、术语、标记、符号、设计等方面的组合体；二是代表有关产品的一系列附加值，包含功能和心理两方面的利益点，如产品所能代表的效用、功能、品味、形式、价格、便利、服务等。同时，品牌能够吸引消费者，建立消费者对品牌的忠诚度，帮助网店提升产品销量。

二、品牌的构成

品牌的构成主要包括以下四部分：品牌认知度、品牌知名度、品牌忠诚度以及品牌美誉度。

1. 品牌认知度

品牌认知度是品牌资产中重要的组成部分，是衡量消费者对品牌内涵及价值的认识和理解度的标准。对于企业来说，Logo（标识）是传递其品牌形象的必要元素，品牌认知度对品牌最直接的认知就是对品牌Logo的识别。如图5-1所示，“沁漓”的标识简单明了，符合消费者的直观记忆规律，Logo中央展示了两个简单的文字“沁漓”，偏下方是“沁漓”的拼音，以形似罗汉果的绿色背景打底，准确传达品牌信息，很容易被消费者识记，有助于品牌的传播。

图5-1　“沁漓”Logo（标识）

2. 品牌知名度

品牌知名度是潜在消费者认识到或记起某一品牌是某类产品/某种产品的能力。如“沁漓”作为农产品电商成功推广的品牌之一，针对罗汉果爱好者进行宣传，使消费者在想要购买罗汉果时，能够想到甚至第一时间想到该品牌，这就源于品牌在消费者心中打造的知名度。

3. 品牌忠诚度

品牌忠诚度是消费者以回购或其他方式继续使用或支持某个品牌、长期反复地购买某一品牌的产品或服务的积极行为。品牌忠诚度可以帮助企业获得更多的市场，能够创造更多的价值。如市场上存在的罗汉果卖家或品牌很多，这意味着“沁漓”品牌的潜在竞争对手很多，要想在这些优秀的竞争对手里脱颖而出，势必要培养消费者的忠诚度。

4. 品牌美誉度

相较于品牌知名度，品牌美誉度是质的指标，指一个品牌获得公众、社会以及行业信任、好感、接纳和欢迎的程度，是评价该品牌声誉好坏的重要指标，是源于消费者自身的感觉，直接能够影响到消费者的决策。例如，“沁漓”罗汉果在罗汉果众多品牌里具有较高的影响力，在罗汉果品牌排行榜中位于前列。

任务二　品牌效应

品牌效应是指品牌在产品上的应用，为品牌的使用者所带来的价值和影响。

优质的品牌最终会带给企业良好的效益，如果良好的品牌效应可以一直循环下去，对企业的发展会有深远意义，吴莹总结出品牌主要可以为企业带来如图5-2所示的效应。

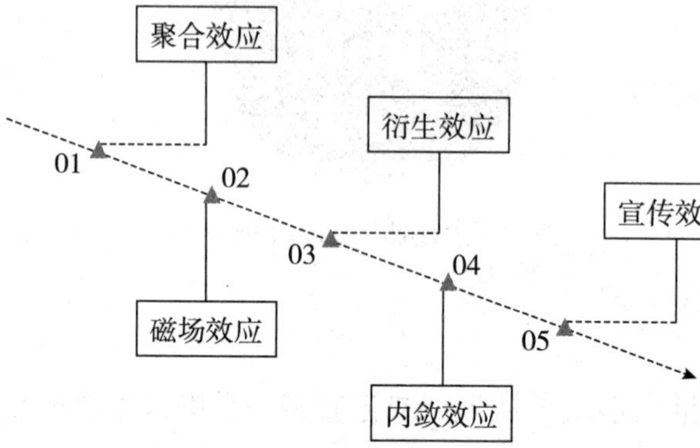

图5-2 品牌的五大效应

一、聚合效应

品牌产品在市场上拥有一定的影响，其较高的知名度和美誉度不仅可以使企业获得较好的经济效益，还可以获得社会的认可，吸引到人才、技术以及政府提供的优惠政策。聚合社会资源使企业规模进一步扩大，形成规模，进而产生规模效益。

二、磁场效应

企业或产品的品牌被消费者信赖时，消费者往往表现出对品牌的忠诚，他们以拥有该品牌的产品为荣。这样就使得品牌像磁石一样吸引消费者，而消费者会在这种吸引力下反复购买品牌产品，并对其进行有效的口碑宣传，形成良性循环。

三、衍生效应

企业品牌发展到一定阶段，其所融合的各类社会资源会越来越多，会不断衍生出新的产品，有利于企业的不断发展。

四、内敛效应

内敛效应即可以增强企业内部凝聚力的效应。品牌的良好形象和正能量的信念，使生活、工作在这样企业中的员工会产生自豪感和荣誉感，并能形成一种企业文化，激发员工更加努力、认真地工作。

五、宣传效应

宣传效应是指宣传活动的影响以及目的的实现程度。企业通过品牌宣传，在消费者心中树立企业品牌的良好形象，最终实现商品销售的目的。

子项目二　品牌定位与设计

任务一　品牌定位

一、品牌市场定位

品牌市场定位是根据竞争者现有产品在市场上所处的位置，针对消费者对该种产品的某种特征、属性和核心利益的重视程度，塑造出本企业产品与众不同的品牌形象，并将该形象准确传递给消费者，引导消费者对产品形成总体印象。

吴莹在整理“沁漓”的品牌市场定位资料时，归纳出以下步骤。

步骤1：查看市场数据。

①打开浏览器，进入店透视网（diantoushi.com），安装插件，如图5-3所示。

图5-3　店透视首页页面截图

②输入名称。进入淘宝网，在搜索栏中输入所要查询的内容，输入完成后，点击“搜索”即可。“沁漓”经营的产品是罗汉果，因此吴莹可以在搜索栏中输入“罗汉果”，点击“搜索”，如图5–4所示。

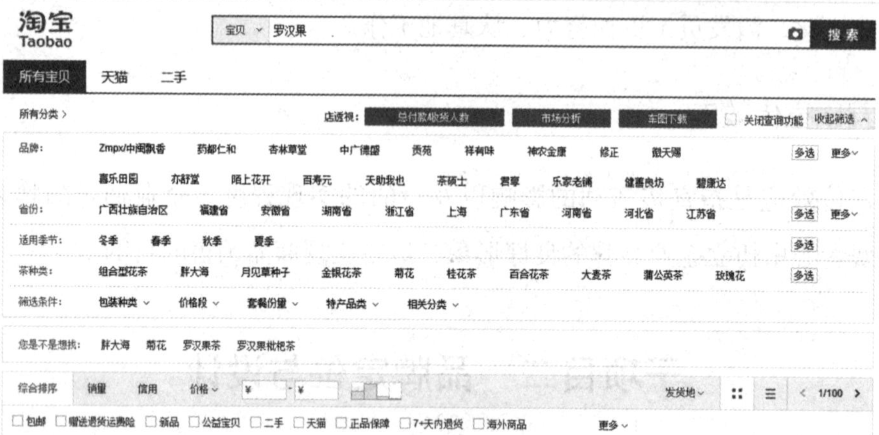

图5–4 “罗汉果”搜索显示页面截图

③查看数据。店透视为用户提供了总付款/收货人数、市场分析、车图下载3个方面的数据，由于吴莹接下来要对罗汉果做市场分析，因此以市场分析数据为主，点击“市场分析”。搜索条件的参数设置为“默认”，搜索排序设置为“销量”，搜索页数为“1～5”页，搜索内容为“罗汉果”，如图5–5所示，设置完成后，点击“开始分析”，共有“店铺类型分布”（如图5–6所示）、“价格分布”（如图5–7所示）、“类目分布”（如图5–8所示）等多个维度的数据。

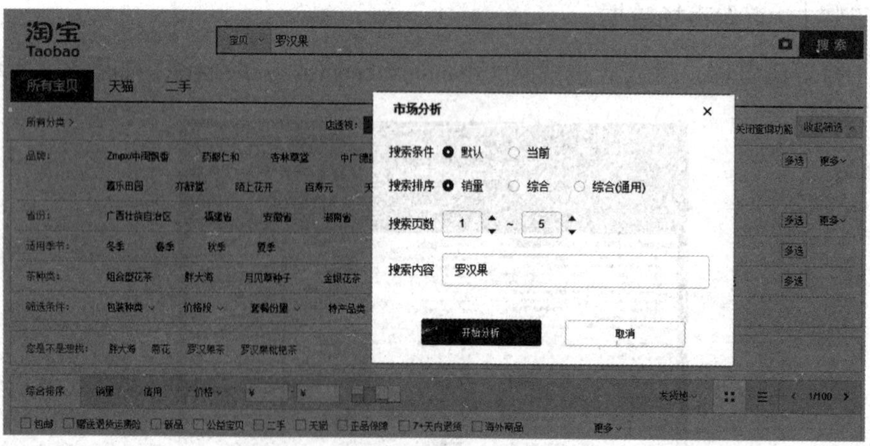

图5–5 以“罗汉果”为搜索内容设置市场分析参数的页面截图

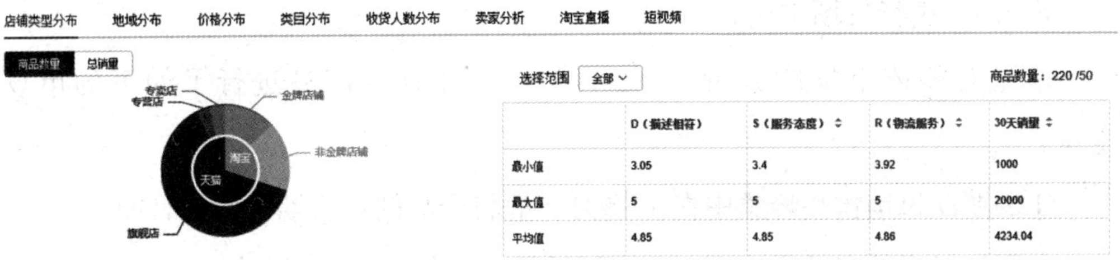

	D（描述相符）	S（服务态度）	R（物流服务）	30天销量
最小值	3.05	3.4	3.92	1000
最大值	5	5	5	20000
平均值	4.85	4.85	4.86	4234.04

图5–6　“罗汉果”的店铺类型分布数据页面截图

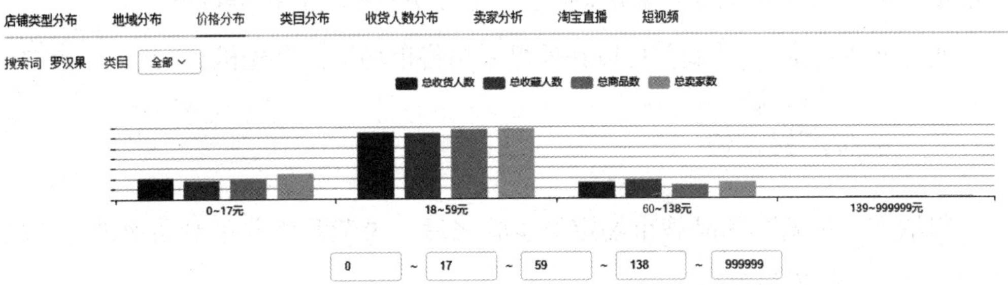

图5–7　“罗汉果”的价格分布数据页面截图

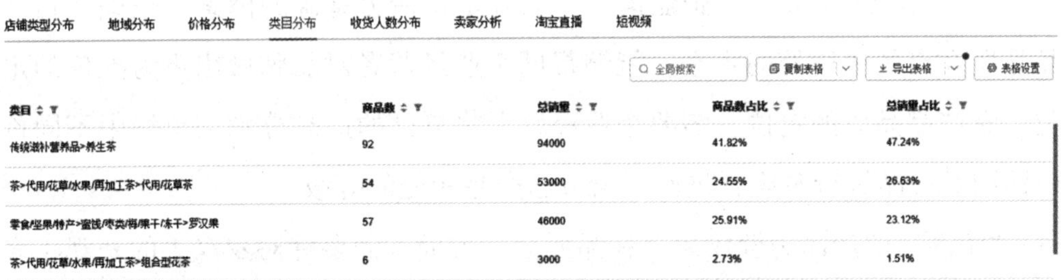

类目	商品数	总销量	商品数占比	总销量占比
传统滋补营养品>养生茶	92	94000	41.82%	47.24%
茶>代用/花草/水果/再加工茶>代用/花草茶	54	53000	24.55%	26.63%
零食/坚果/特产>蜜饯/枣类/梅/果干/冻干>罗汉果	57	46000	25.91%	23.12%
茶>代用/花草/水果/再加工茶>组合型花茶	6	3000	2.73%	1.51%

图5–8　“罗汉果”的类目分布数据页面截图

步骤2：分析市场。

汇总以上在店透视查看到的数据，以分析罗汉果市场为例，可以了解到以下信息。

①在整体市场方面，罗汉果的销售市场在我国有巨大的潜力，销售店铺以天猫旗舰店为主；

②在价格分布方面，罗汉果的价格多集中在18～59元；

③在类目分布方面，以养生茶为细分类目的罗汉果商品数和总销量居多。

通过分析以上数据，能够为企业自身产品的市场定位提供宝贵的参考依据。

步骤3：进行市场定位。

通过对整体市场的分析，“沁漓”对企业自身产品进行了如下的市场定位：

①因罗汉果销售高峰集中在3—5月，故将产品的销售期定为该时期；

②因罗汉果的产地在广西，故主要消费地域集中在广西之外；

③结合“沁漓”实际情况，故属性定位为广西罗汉果，并在品牌策划过程中着重强调产品的满包邮、现货采摘、产地货源及网店直销等特色。

通过上述定位，“沁漓”可以在罗汉果销售市场上抢夺先机。

二、品牌产品定位

归纳完“沁漓”的品牌市场定位步骤之后，吴莹开始着手对品牌进行产品定位总结，具体操作如下。

步骤1：产品品质定位。

产品的品质是影响到企业销售、品牌定位最为基础的因素，正确评估产品品质在市场中所处的水平，能够帮助企业经营者对品牌做出更为准确的定位。农产品品质的定位，需要企业经营者将自己的产品分别与市场中不同价位的同类产品进行对比，进而找出自己产品所处的等级。

“沁漓”的产品为罗汉果，在品质分析方面，需要针对罗汉果的外观（大小、色泽等）、口感、产地等要素与市场上不同价位的罗汉果进行对比，进而对企业自身罗汉果的品质作出定位，如图5-9所示。

步骤2：产品价格定位。

价格定位的目的是确定产品的销售层次，在分析产品价格时需要综合产品的成本、品质、包装、服务等因素，明确产品的性价比。与此同时，与市场上其他同类产品进行对比，明确自己产品的价格在同类产品中的位置。

在进行价格对比分析时，可以借助电商数据分析工具“店透视”，如图5-7所示，对市场中的罗汉果产品进行全面对比，发现产品价格主要集中在18～59元，并结合“沁漓”罗汉果的品质、成本、售后服务等多方面因素，为“沁漓”罗汉果定价。

图5-9　“沁漓”罗汉果品质定位示例

步骤3：产品渠道定位。

渠道是产品进货渠道，直接影响产品的成本及品质，因此渠道的划分对于品牌来说至关重要，通过分析自身的产品渠道，可以充分认识产品的成本及品质。

“沁漓”所选用的罗汉果是广西桂林的黄金罗汉果，是天然的AAA级罗汉果，拥有超大的果径，如图5-10所示，口感甘甜，与市面上绝大多数的罗汉果相比，具有天然的优势。

图5-10　“沁漓”罗汉果专用卡板示例

步骤4：产品综合实力定位。

产品综合实力定位需要从企业的生产能力、营销推广能力、服务能力三方面展开。

“沁漓”品牌隶属的企业是一家规模化集约型专注于罗汉果开发、加工与销售的企业，市场份额连续多年位列互联网电商平台前列。企业处于同行业中比较领先的位置，具备很强的营销推广能力，能够调用一切资源进行品牌推广，做好售后服务与保障。

任务二　品牌设计

一、品牌名称设计

品牌名称的设计与选择是最具有创造力，也是最重要的一个环节。吴莹通过“沁漓”罗汉果的样例，归纳出品牌名称的设计可以通过确定主题、名称策划、名称筛选这3个步骤实现。

步骤1：确定主题。确定主题是品牌名称设计的第一步，目的是明确品牌名称的内涵、品牌名称的策划方向及范围。

在确定“沁漓”罗汉果主题时，吴莹考虑到，罗汉果产自广西桂林漓江，入口鲜香甘甜。因此，特采用黄金罗汉果与清新风格相结合来表达主题，如图5-11所示。

图5-11 “沁漓”罗汉果主题示例

步骤2：名称策划。围绕确定的主题为品牌命名，命名时需要遵循品牌名称设计的四个原则（见本项目知识拓展），同时尽可能多想一些名称，并将其一一记录下来。

“沁漓”在最初命名时，也列举了多个不同名称，便于后期进行筛选。

步骤3：名称筛选。名称的筛选就是从备选的名称中选择最为合适的，在筛选的过程中，应从备选名称中选择最能体现出品牌主题和独特性的名称，作为最终的品牌名称。

吴莹最终选用“沁漓”这个名称作为品牌名，取自“源自漓江，沁人心脾的滋味”，其中“沁”和“漓”这两个字组合起来成为“沁漓”，能够直击喜欢喝罗汉果茶的人群，与品牌想要表达的主题不谋而合。

二、品牌标识设计

吴莹通过样例“沁漓”，归纳出品牌标识设计可以通过以下步骤实现。

步骤1：确定主题。在进行品牌标识设计前，企业经营者需要与专业的设计人员沟通，双方首先需要明确品牌标识的策划方向及范围。

“沁漓”的标识采用罗汉果的形态与文字结合的主题形式，因此在设计时，不仅需要将主题通过品牌标识进行呈现，还需要与品牌的名称相呼应。

步骤2：勾画草图。勾画草图需要设计者用笔纸描绘出整个图样的草图，并不需要将标识的细节一一画出，只进行大体的绘制，能够说明含义即可。

步骤3：标识设计。标识设计需要设计人员通过专业的作图软件将企业经营者想要表达的主题形象地展示出来，通常设计者需要依据主题绘制多张标识以供企业经营者选择。

步骤4：标识筛选。标识的筛选就是从备选的设计稿中选择最为合适的标识，在筛选的过程中应从备选稿中选择最能体现出品牌主题的设计作为最终的品牌标识。

“沁漓”经过以上步骤后，将品牌标识确定为如图5-1所示的图案，将罗汉果形态与文字做了充分融合，在主色上也选择了类似罗汉果的黄绿色凸显产品的新鲜、纯天然，有利于品牌标识在用户心中留下深刻印象。

子项目三　品牌传播与管理

任务一　品牌传播

“沁漓”采用的是网络品牌传播的方式，吴莹将其品牌传播的步骤归纳如下。

步骤1：选择合适的品牌传播途径。在众多的品牌网络传播途径中，微博、微信、短视频、直播因其拥有用户数量高、营销成本低，成为“沁漓”品牌传播时的首选平台。在进行农产品品牌传播时，这4个平台可以作为传播的首选阵地。

步骤2：实施微博大V传播。微博账号发布产品及品牌推广信息。通过黄V或蓝V认证的账号发布罗汉果相关产品信息，如图5–12所示。

图5–12　“沁漓”微博传播示例

步骤3：实施品牌微信传播。

①微信商城传播。

通过“一元欢购”“会员签到”“积分兑换”“发放优惠券”等形式在微信商城开展传播。如图5–13所示，为“沁漓”在微信商城进行品牌传播。

②微信公众号传播。

在微信公众号进行传播，企业可以开通品牌微信公众号，也可以联合其他公众号自媒体共同进行品牌推广。如图5–14所示，为“沁漓”微信公众号上的传播内容。

图5-13　“沁漓”微信商城传播示例

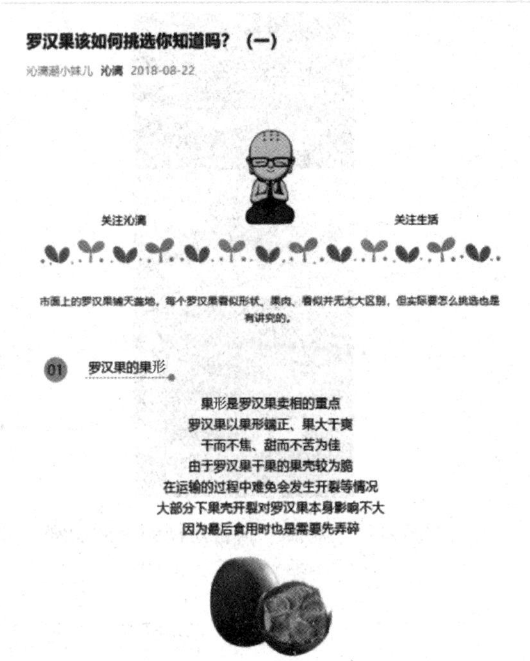

图5-14　“沁漓”微信公众号传播示例

步骤4：实施品牌短视频传播。

①官方宣传短视频的传播。

企业可以拍摄与品牌相关的短视频并在网络上传播。“沁漓”在官方旗舰店里制作了一个宣传短视频，对“沁漓”罗汉果的种植环境、品质特色等进行全方位的呈现。进店的顾客在浏览商品时，通过观看宣传短视频可以对商品进行详细的了解。

②抖音短视频的传播。

随着短视频平台的崛起，越来越多的企业和机构在抖音上开设官方账号。“沁漓”也不例外，借助抖音短视频进行品牌宣传，如图5-15所示。

步骤5：实施品牌直播传播。

除上述传播方式之外，企业还可以借助直播平台，如秒拍、一直播等进行直播传播。如图5-16所示，为“沁漓”在抖音平台进行的直播。

通过以上步骤，“沁漓”实现了品牌传播，给消费者留下了深刻的品牌印象。

图5-15 “沁漓”抖音短视频传播示例

图5-16 “沁漓”直播传播示例

任务二　品牌管理

农产品品牌管理就是建立、维护、巩固品牌的全过程。通过品牌管理有效监控品牌与消费者之间的关系，最终形成品牌的竞争优势。吴莹结合“沁漓”品牌样例，整理出以下品牌管理与维护的方法。

一、品牌管理的方法

1. 持续创新

品牌创新是随着企业经营环境和消费者需求的变化，品牌的表现形式也需要不断变化发展。随着国民经济的发展，消费者的审美品位也发生了极大的变化，品牌如果一成不变，就会失去很多潜在的消费者。品牌创新主要包括观念的创新、技术的创新、质量的创新、管理的创新、服务的创新、市场的创新、组织的创新和制度的创新等。企业只有不断地满足消费者的需求，推陈出新为消费者提供心仪的产品，才能在市场竞争中立于不败之地。

“沁漓”品牌能在众多农产品品牌中脱颖而出，就是因为它能不断适应消费者的需求。“沁漓”最早以生产散装和礼盒装罗汉果为主要方向，面对的群体主要是罗汉果的爱好者。随着时代的变化，企业围绕罗汉果核心产品研发了罗汉果花茶、罗汉果干果等系列产品，如图5–17所示，吸引了教师、歌手等长期用嗓消费人群。“沁漓”罗汉果利用产品的创新，维护了品牌在市场中的竞争地位。

2.维持独立性

之所以维持品牌的独立性，是因为品牌是企业的无形资产。品牌的知名度和美誉度能在无形中给企业带来巨大的经济效益，只有始终保护品牌独立性，才能使品牌的形象不断得到维持和壮大。

作为一家专业的罗汉果种植、加工、研发和销售企业，“沁漓”开启的是品牌独立运营之路，如图5–18所示，这可以在消费者心中快速树立品牌的良好形象。

图5–17　“沁漓”宣传广告示例

图5–18　“沁漓”品牌独立运营示例

二、品牌维护的方法

1.植根初衷

做产品，一切都要根植于初衷。企业或品牌管理者要考虑清楚，要给消费者带来什么样的产品。

“沁漓”品牌的初衷就是做质量最好、最专业、最专注的罗汉果企业，其产品也坚持了这个方向，一直致力于生产与罗汉果相关的系列产品，如图5–19所示。

图5-19 “沁漓”品牌系列产品

2.重视质量

品牌维护的重要基石是产品质量好，并且要持之以恒抓质量，以此推动农产品加工业的高质量发展。

“沁漓”的原材料选用广西桂林的罗汉果，在罗汉果的产地、筛选、品质等方面都做足了功夫，如图5-20所示，这也是其品牌被消费者持续重视的保证。

图5-20 “沁漓”产品品质展示示例

3. 风格出众

对于农产品来说，同类产品众多，如何突破重围成为有特色的农产品，是品牌维护要考虑的问题之一。塑造具有代表性的产品风格是品牌维护不可或缺的一部分，企业可以在原有风格的基础调性上再衍生自己的风格。

“沁漓”的品牌设计一直是与卡通罗汉挂钩的，所以在品牌维护时，无论设计风格怎么变，与卡通罗汉挂钩进行传播这一点，一直不曾变过，如图5–21所示。

图5–21　“沁漓”品牌设计风格示例

4. 外观精美

农产品的包装外观是产品的“脸面”，它一般会给消费者最直观的印象，能够直接影响到消费者的购买欲。传统意义上的农产品或多或少会给消费者以朴实无华的印象，缺少鲜明的特色。在品牌维护时，企业要打破这种刻板印象，从产品外观选择、包装、宣传等方面下功夫，赋予产品“美”的观感。

“沁漓”在产品包装方面，选择了以罗汉果的干果色做底色的纸质环保包装，如图5–22所示。

图5–22　“沁漓”产品包装示例

知识拓展

一、品牌名称设计的四个原则

品牌名称设计需要企业经营者遵循以下原则，即主题性、简洁性、传播性、稳定性。

1.主题性

品牌名称需要表达出一个主题，一个优秀的品牌名称在符合品牌价值的同时，还要满足品牌的内涵。

“时令记”是一家销售时令水果的网店，该店铺的品牌定位：“给城市中忙碌的人们供应最新鲜的时令水果”，如图5-23所示。通过该店的品牌定位，我们不难看出，“时令记”这个名字突显出了店铺品牌定位的主题，同时表达出了品牌的内涵。“西域美农”是一家销售新疆大枣、核桃、苹果等农副产品的网络店铺，如图5-24所示，该店铺的名称直接表达出了产品的产地，同时用“美农”两个字形象地表达了农产品的品质。

图5-23 “时令记”标识

图5-24 “西域美农”标识

2.简洁性

简洁性是指品牌名称要简单，此处的简单分为含义简单和形象简单两个层面。首先，一个优秀的品牌名称所表达的主题、内涵、价值要清晰并且容易理解，让消费者可以一目了然。其次，一个优秀的品牌名称字数不会很多，同时名称中的文字不会难以辨认。如“齐鲁农特产”，该名称清晰地表达了店铺销售的产品是齐鲁地区的农副产品，如图5-25所示。

图5-25　“齐鲁农特产”标识

3. 传播性

品牌名称要具备易于传播的性质，首先需要名称具有明确的主题，其次具有内涵。“蜜雪冰城”是目前比较受年轻人喜爱的以冰淇淋和茶饮为主的连锁品牌。“蜜雪冰城”这一品牌名表达了冰雪世界的欢乐，而最具代表性的形象是一个手拿冰淇淋权杖的雪王，还点题了蜜雪冰城品牌的品类，品牌标识与品类契合度非常高，使品牌形象更加深入人心。可爱的雪王作为品牌的形象代言人，用于品牌的传播，如图5-26所示。

图5-26　“蜜雪冰城”标识

4. 稳定性

稳定性是指企业名称一旦确定，在无特殊情况的条件下不要进行变更。企业的名称代表了企业的品牌，随意变更名称会有伤消费者对品牌的信心。

二、品牌广告传播的主要途径

品牌广告传播，是指企业以品牌的核心价值为原则，在品牌识别的整体框架下，选择恰当的传播方式，将品牌推广出去，以建立品牌形象，促进市场销售。品牌广告传播是企业满足消费者需要，培养消费者忠诚度的有效手段，主要有以下几个途径：

1. 电视

电视集声音、图像、色彩、动作于一体，具有感染力强、覆盖面广、传播及时、收视率高等特点，但是电视广告制作、播出成本较高，而且用户选择余地小、针对性差、展示时间短、无法保存。

2. 广播

广播传播及时、迅速，能够接触到最广泛的听众，而且制作简单、成本较低，但是广播是一种有声无形的展现，广告形式具有局限性。

3. 报纸

在过去，传统报纸因其具有的传播面广、渗透力强、权威性高等优势，成为广告客户提升自身知名度、美誉度的理想载体，如图5–27所示，是某精品红木家具利用报纸的版面向大众传播该品牌举办的直销展览会这一信息。然而，随着互联网的普及，阅读报纸的人越来越少，同时广告客户更为青睐形式多样、费用低廉、可交互、可实现精准营销的在线广告。因此，近年来企业在报纸的广告投入大大降低。

图5–27　报纸上的广告示例

4. 杂志

杂志广告具有针对性强、保留时间长、画面印刷效果好等优点，但是其发行量较低，且广告的覆盖面小，甚至不常出现广告。如图5–28所示，该杂志内页所展现的是文章与配图，没有广告。而随着新媒体的不断发展，杂志的信息传递速度更无法满足人们对于实时信息的需求。因此，杂志广告的客户数量在逐年递减，目前使用杂志广告的客户越来越少，更多的广告客户转投在线广告进行营销。

图5–28　杂志内页示例

5. 网络

网络广告可以不受时空限制，传播图、文、声、像等多种信息，速度快、成本低，受众的选择余地大，且具有一定的交互性。

6. 流动媒体

流动媒体是可以流动传达信息的媒介，目前流动媒体广告主要是自行车车体广告、地铁广告、公交车广告和出租车广告。这种传播途径在人口集中的大城市相对有效，但是触达区域有限。如图5–29所示，某企业选择地铁作为传播品牌与产品的载体。

7. 快递媒体

快递媒体广告是指在快递单上或者快递包裹上做的商家广告，是一种新颖的广告模式，如图5–30所示。快递媒体具有目标对象明确、信息量大、费用较低等特点，但是其反馈的主动性差且周期较长。

图5-29　地铁广告示例

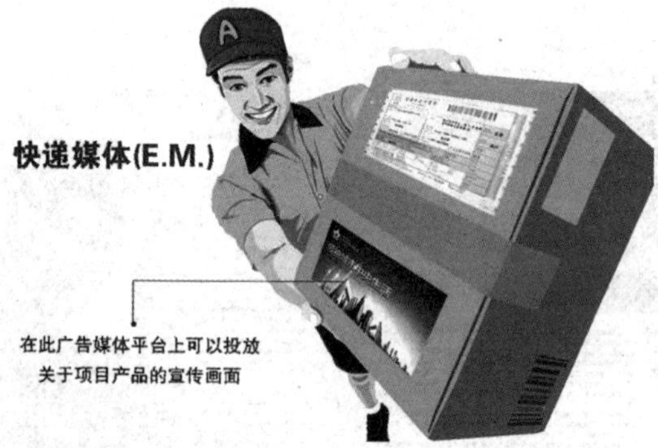

图5-30　快递媒体广告示例

8.户外媒体

户外媒体是指在主要建筑物的楼顶和商业区的门前、路边等户外场地设置发布广告信息的媒介，主要形式包括气球、飞艇、车厢、大型充气模型、高校内墙及高档小区的走廊楼道等，如图5-31所示。户外媒体广告的展示时间长，费用相对较低，有助于宣传相关产品信息以及树立企业品牌形象。

图5-31　户外媒体广告示例

课程思政

为深入推进品牌强农战略，加强农业品牌政策创设，助力实施农业生产“三品一标”提升行动，2021年5月8日，2021中国农业品牌政策研讨会在京举行。会上发布并解读了《中国农业品牌发展报告（2021）》（以下简称《报告》）。

《报告》显示，2020年，各地各部门深入推进品牌强农战略，强化数字赋能、平台赋能和服务赋能，积极营造农业品牌培育与发展的良好氛围，传统农业品牌焕发活力，新的农业品牌竞相涌现，农业品牌消费增长新格局加快显现。

实现脱贫攻坚与乡村振兴的有效衔接，农产品区域公用品牌建设至关重要。2021年3月，农业农村部启动实施农业生产“三品一标”提升行动，将其纳入全面推进乡村振兴、加快农业农村现代化的重要内容。

在农业农村部指导下，中国农业大学联合阿里研究院对首批入选中国农业品牌目录的300个区域公用品牌进行了调研，研讨会公布的调研结果显示，电商平台对推进“三品一标”（品种培优、品质提升、品牌打造、标准化生产）建设做出了实质性的贡献和努力，实实在在地促进了品牌农业的发展壮大。

数据显示，2020年，300个品牌农产品在阿里平台的交易总量首次突破5000万单，达到5662万单；按2018—2020年累计销售额排名，辽参、五常大米、赣南脐橙、大连海参、安吉白茶、烟台大樱桃、信阳毛尖、安化黑茶、盘锦大米、中宁枸杞跻身线上十大农业品牌。

调研总结了电商培育农业品牌的经验：实施“正宗原产地”工程，整合产业链条，打通农产品产供销全过程，建立标准示范的数字农业基地，运用区块链溯源等先进技术保障品质、保护品牌，通过建设数字化产业仓优化生鲜农产品保鲜包装，举行线上营销活动，等等。

研讨会上，农业农村部联合相关企业单位，正式启动“脱贫地区品牌公益帮扶试点行动”，将重点在10个区域特色资源挖掘潜力较大、具有一定品牌建设基础的脱贫县落地。

资料来源：中国新闻网，www.chinanews.com。

项目六　客户关系管理

微信扫一扫
码上就能学
教学设计·项目六

农产品电商是农产品销售和推广的重要模式，它利用先进、便捷的技术，搭建农业信息应用平台，在网络上实施农产品交易，为农产品的流通注入了新的生机和活力。在这种新的营销模式下，农产品电商必须以全新的视角来看待客户关系，将企业的人力资源、管理技术和软硬件进行有机结合，做好客户关系管理。本项目围绕农产品电商客户关系管理来展开，阐述农产品电商售前服务的内容、原则与方法，以及售后服务的宗旨、基本流程与技巧。

本项目包含三个子项目，共计六个学习任务。

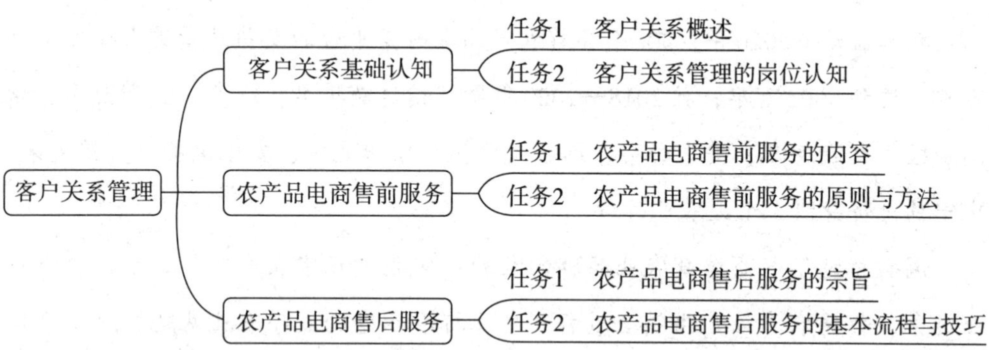

学习目标

微信扫一扫
码上就能学
教学课件·项目六

◈ 知识目标

1. 理解客户关系的内涵。

2. 了解农产品电商售前服务的内容。

3. 明确农产品电商售后服务的宗旨。

❖ 能力目标

1. 掌握农产品电商售前服务的原则与方法。

2. 掌握农产品电商售后服务的基本流程与技巧。

❖ 思政目标

了解农村电商的政策红利，激发学生响应国家电商扶贫号召的积极性。

项目导入

某公司是武鸣当地一家水果经销公司，在淘宝网上开有企业店铺，主营广西当地的特色水果，如沃柑、百香果、番石榴、香蕉等。该网店因产品品质好、价格实惠，深受消费者的喜爱。目前店铺处于发展期，客户关系管理不是很完善，公司要求客服部从客户关系管理的岗位职责、售前与售后的服务内容、客户服务流程及技巧等方面对客户关系管理工作重新梳理优化，明确农产品客服岗位职责，提升客户服务质量。

子项目一　客户关系基础认知

任务一　客户关系概述

一、客户关系的内涵

客户关系是指企业为达到其经营目标，主动与客户建立起的某种联系。这种联系可能是单纯的交易关系或通信联系，也可能是为客户提供一种特殊的接触机会，还可能是为双方利益而形成某种买卖合同或联盟关系。

客户关系具有多样性、差异性、持续性、竞争性、双赢性的特征。它不仅可以为交易提供方便，节约交易成本，也可以为企业深入理解客户的需求和双方信息交流提供许多机会。

以农产品电商企业为例，农产品电商企业的客户关系，就是客户在该网店购买农产品的过程中与网店服务产生的交集。简单地说，就是从客户进入网店到离开网店这一过程中，客户在网店内所发生的浏览、购买、沟通等所有与网店相关的事件都被称为客户关系，具体包括客户的浏览习惯、需求偏好、沟通咨询、下单付款等所有信息。

农产品的种类十分丰富，以淘宝网为例，涉及农产品的有生鲜和食品两大类目：生鲜类目下包含肉类、水果、蔬菜、海鲜、蛋类；食品类目下包括零食、方便速食、粮油调味、茶叶、干货等。由于生鲜类产品天然地具有不易保鲜、运输条件严苛、包装成本高等特点，因此在农产品电商交易活动中常常会出现产品磕碰、变质、腐烂等质量问题，甚至因为发货时效而产生取消订单、维权等售前、售后服务。农产品电商客户关系管理的重点就是围绕产品、物流、包装等进行的一系列售前、售后服务，引导客户下单，解决客户售后问题，提高客户购物的满意度。

二、客户关系管理的工作内容

客户关系管理的目的是企业利用相应的信息技术以及互联网技术来协助企业与客户之间在销售、营销和服务上的交互，从而提升其管理方式，向客户提供创新式个性化的客户交互和服务的过程，其最终目标是吸引新客户、留存老客户以及将已有客户转为忠实客户。客户关系管理的本质是对客户信息数据的管理与分析，因此客户关系管理的主要工作内容也是基于数据展开的。在网店的管理经营中，客户关系管理的内容主要包括客户数据收集、客户资料分析、客户关怀三个方面。

（一）客户数据收集

客户关系管理的基础是客户数据的收集，客户数据的收集分为基础数据和行为数据两个部分：基础数据所包含的是客户的基础信息，如手机号码、邮箱地址、邮寄地址、性别等，这些数据信息网店可以通过查阅客户的基本资料来获得；行为数据则相对抽象一些，指的是客户购买物品的种类、购买时间以及性格特点等方面的信息，这些信息的收集则需要客服人员通过对订单信息进行整理记录来获得。

（二）客户资料分析

客户资料分析是指对客服人员收集的数据进行分析，进而帮助客服人员通过数据了解客户的购买习惯、兴趣爱好等，为以后的客户关怀及商品促销打好基础。

（三）客户关怀

客户关怀是通过与买家沟通的方式了解客户需求，为客户提供更有针对性的服务的过程。在该过程中客服人员的服务目的可以分为推广网店、了解客户信息。

通过客户关系管理，卖家可以了解到主要客户群的需求及消费习惯，这些信息可以帮助卖家更有针对性的运营店铺，从而提升销量。

任务二　客户关系管理的岗位认知

客户服务的方式多种多样，内容也丰富多彩，而且企业不同、产品不同，服务的方式和内容也会不同。下面，我们主要从售前服务、售中服务和售后服务三个方面对客服岗位的职能与职责进行分析。

一、售前客服

（一）售前客服的职能

售前客服是网店的形象，是与客户直接交流的重要角色，首要工作就是要做好消费者购物的引导工作。售前客服要通过前期的市场调查，分析和研究客户的需求和购买心理，在向客户进行推销商品之前，采用各种方式吸引客户的注意和兴趣，激发客户的购买欲望，做到“不放过每个进店的客户”，并且尽可能提高客户进店购物的客单价，提高全店的转化率。

（二）售前客服需具备的基本能力

①熟悉了解全店商品的详细信息，掌握大部分商品的专业知识、卖点及其功能，细心、耐心地引导询单客户。

②高效、简洁、准确、友好地解答客户的疑问，快速促进成交，对于优质

客户或大客户可以标星并添加好友，定期推送活动。

③了解客户需求并主动推荐产品，提高客单价，尽可能最大限度地满足客户要求并按照客户要求在其订单上备注，对后台未付款的订单进行不定时催付。

④通过阿里旺旺和客户沟通，培养良好的语言组织能力和表达能力，通过文字让对方正确地理解和掌握商品信息，耐心、专业地解答客户提出的各种问题，达成交易。

⑤耐心接待并听取存在售后问题的客户所反馈的情况，根据需要及时转给售后客服进行处理。

（三）售前客服的职责

提供专业的服务，提升客户的购物满意度，严格按照售前服务流程服务客户。

（四）售前客服工作要求

①工作专注，关闭不必要的软件网页，查询完的网页及时关闭，养成良好的工作习惯。

②工作期间必须要有耐心，细心、认真查阅客户发的信息，并及时、准确回复。

③必须设置自动回复，没有客户进来的情况下，如要暂时离开座位，需要将阿里旺旺设为自动回复。

④和客户聊天时，要保持良好的心态，响应率和态度要好，把客户视为自己的朋友，避免情绪化处理问题，影响到客户的情绪。

⑤在接待客户的时候，不得擅自将自己的客户转给其他客服，以免给客户留下不好印象。

⑥主动与未及时回复或未成交客户交流，争取再次营销的机会，对于不在线的客户，技巧性留言促成第二次营销。

⑦面对不同的客户，采用不同的聊天方式，推荐产品，引导客户下单，关联销售。

⑧商品在下单之后，要和客户核对收货的信息是否准确无误。

二、售中客服

（一）售中客服的职责

①熟悉产品知识，及时关注、反馈库存情况及咨询中遇到的问题。

②客户订单确认，审单发货、通知客户货期、及时电话联系沟通确定发货时间。

③跟进物流状态，跟进订单反馈和登记。

④按照售前要求拆分或合并订单发货，及时添加订单备注，修改地址、运费、产品属性等。

（二）售中客服工作流程

①客户下单后，售中客服要先负责打包、打印订单、联系快递公司发货。

②货物发出后，要确保发出货的订单数量无误。

③在收到客户的中差评时，要了解客户的相关购买信息并分析出现中差评的原因，及时与客户沟通（优先选择阿里旺旺聊天软件，其次考虑电话），如果客户接受修改，要感谢客户，如果客户不接受修改，可提供补偿措施。

④客户申请退换货后，售中客服在遵守平台、网店所有规则的前提下，最大限度地帮助客户解决问题。

（三）售中客服工作要求

①活动期间按照下单时间进行审单，尽量做到当天下单当天发货，如果出现缺货，需及时汇报。

②导入订单时需要认真、细心地核对订单数量，及时添加和修改客户的售前备注信息。

③非活动期间，尽量在16：00前审核好订单。

需要说明的一点：很多公司没有设置售中客服岗位，而是以客户下单前的阶段为售前客服的服务范围，下单后，则是售后客服的服务范围。

三、售后客服

售后服务是扩大企业营销、树立企业良好形象的有效手段，售后客服承担着“无声”宣传员的义务，也是客户满意度的关键之一。很多时候，售后服务质量的优劣比有声宣传要有效得多，是客户可信赖的广告。

（一）售后客服的职责

①了解客户的需求，妥善处理客户投诉，提高客户的满意度。

②及时接听客户服务电话，及时回复阿里旺旺客户留言。

③如果遇到产品质量问题，要与客户核实好问题照片，尽快给出处理方案，并且在后期要进行电话回访。

④如果遇到非质量问题，要明确问题并核实原因，之后按照售后服务流程为客户提供相关帮助。

（二）售后客服工作要求

①及时跟进售前客服留言的售后问题。

②每天对已经发出的订单及时跟进物流，及时将信息反馈给客户。

③对于收到货后有疑问的客户，要及时作出解释，对于中差评及时回复。

④解决日常售后问题，如客户催单，第一时间反馈给快递公司进行催促，并安抚客户情绪。

⑤对于难以处理的投诉或客户提出超过公司规定的要求，要及时上报上级领导，并协助处理。

⑥关怀客户，将客户档案进行分类，如在节假日、客户生日时送上祝福，让客户感受到温暖。

（三）售后客服技能

①与客户沟通时要态度温和，善于沟通，有责任感、有耐心。

②能根据客户提出的售后问题给予合理的解决方案。

③在与客户解决售后问题的沟通中，要熟悉产品的属性、卖点和优缺点。

④要有处变不惊的能力，工作中若遇到客户的恶意差评，需冷静、稳妥地处理问题。

⑤遇到退换货的情况要站在客户角度，并且结合公司售后流程处理问题。

子项目二　农产品电商售前服务

任务一　农产品电商售前服务的内容

农产品电商售前服务内容

随着农产品电商平台的发展与壮大，越来越多的农产品通过互联网出售给客户，要想提高店铺农产品的销量，就要做好电商平台的售前服务，服务内容总结为以下几点。

（一）客户接待

具备良好的语言组织能力和表达能力，熟练使用聊天工具与客户进行线上沟通，耐心接待听取客户所提出的问题，并且予以及时准确的回答，掌握引导客户购物的技巧，从而促成交易。

（二）产品销售

熟悉了解全店商品的详细信息，掌握大部分商品的专业知识、卖点及其功能，在与客户沟通的过程中，了解客户需求并主动宣传推荐网店品牌及网店商品，快速提高成交率并定期推送活动信息。

（三）解决客户疑问

对客户提出的有关商品、店铺、促销活动等与产品或品牌相关的问题，进行耐心、高效、简洁、准确、友好的解答，并且要保持良好的心态。态度要好，把客户视为自己的朋友，不能情绪化回复，避免影响到客户的情绪。

（四）客户信息收集

通过与客户沟通，对客户的一些信息进行收集整理，并且分类归纳，为网店客户维护及网店产品定位提供依据，从而提升店铺的服务效率。

任务二 农产品电商售前服务的原则与方法

一、农产品电商售前服务的原则

农产品电商售前服务的原则概括为以下几点（见图6-1）。

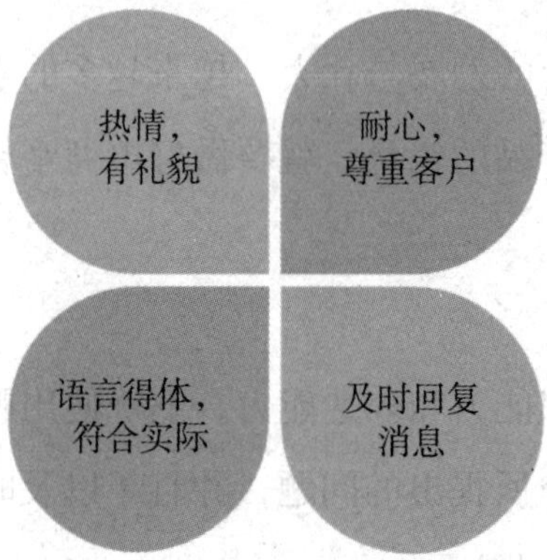

图6-1 电商售前服务的原则

（一）热情，有礼貌

作为一名合格的客服人员，要对客户保持良好的服务态度。在工作过程中，售前客服要保持热情、诚恳的工作态度，在与客户交流时要热情、有礼貌，解答客户疑问时，要语气缓和，不骄不躁。这样让客户真实地感受到他不是在跟冷冰冰的电脑和网络打交道，而是跟一个善解人意的人在沟通，从而在客户心目中逐步树立起品牌（店铺）的良好形象。

（二）耐心，尊重客户

售前客服如果遇到客户不理解或很难解释的问题时，要保持耐心，用比较通俗的语言为客户认真讲解，让客户感受到被尊重和被重视，提升客户对客服人员的好感度，从而提升对店铺的良好印象。

（三）语言得体，符合实际

售前客服和客户进行交流时，得体的服务话术会提升客户的满意度，让客户心情愉悦。因此，售前客服在和客户沟通时语调要温和，切忌生硬，即使与客户之间有分歧，也要致以歉意，希望得到客户的体谅和谅解。不管在什么情况下，多用敬语“您”，多用礼貌用语“请”。例如：“您看这样解决行吗？”“您还有什么要求？”以此得到客户的理解，求得共识。在为客户寻找商品或其他服务时，无论时间长短，都要对客户说声抱歉：“不好意思，让您久等了。根据您的要求，我为您挑选了这款商品，请打开下面的链接……”

（四）及时回复消息

对于客户提出的商品咨询问题一定要及时回复，不能让客户长时间等待，否则客户会因等待时间过长而选择离开，这样会降低客户对客服和店铺的印象。如果因特殊原因未能及时回复客户消息，看到后要第一时间主动与客户交流，争取再次营销的机会，对于不在线的客户，要使用技巧性留言促成第二次营销。

二、农产品电商售前服务的方法

（一）售前服务的流程

1. 发送欢迎语

发送欢迎语是接待客户的第一个工作流程，是与客户建立关系的第一步，因此非常重要。售前客服在发送欢迎语的过程中，需要遵循快速、热情的原则。

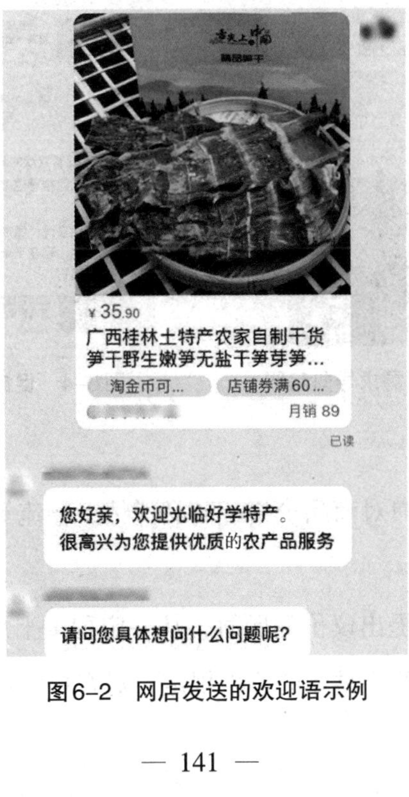

图6-2　网店发送的欢迎语示例

例如，“您好，欢迎光临本店，我是您的专属客服，很高兴为您提供优质的农产品服务，请问您要咨询什么问题呢？”同时，对客户咨询的问题也要快速且准确地回复。如图6–2所示为某农产品网店的欢迎语。

2. 商品推荐

在与客户沟通过程中，捕捉有效信息，抓住客户的潜在需求，精准地给客户推荐商品，不仅可以体现店铺客服的热情周到，还可以促进成单率，提高客单价。常见的商品推荐方法可以总结为需求导向和促销导向两类。

（1）需求导向

通过与客户沟通后了解客户的需求，并以此为依据结合网店内的商品合理地进行推荐。如图6–3所示为需求导向。

（2）促销导向

依据网店内促销活动给客户推荐优惠的商品。如图6–4所示为促销导向。

图6–3　需求导向示例

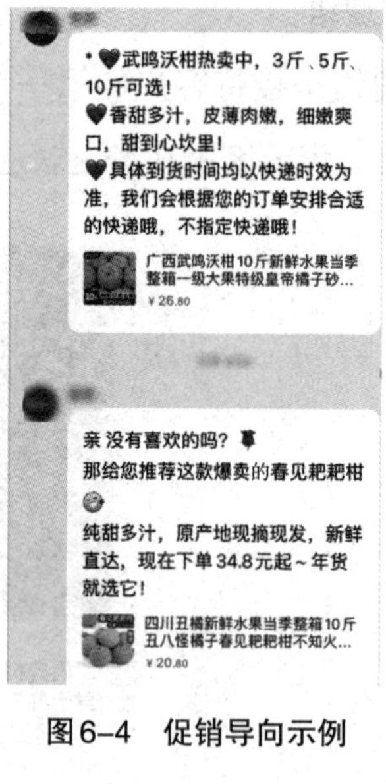

图6–4　促销导向示例

3. 对话环节

对话环节一般是客户对商品价格、商品详情、物流等方面了解的过程。

（1）商品价格

当客户与售前客服提出议价问题时，从一定程度上反映了客户的购买意向，这时需要售前客服依据网店具体的价格规定，对客户进行回复。

（2）商品详情

当客户提出有关商品问题时，一般说明客户已经进入考虑购买的环节，比如，用户在评价、问大家中看到了商品相关的差评信息，售前客服可优先通过话术或者售后保障政策打消客户的顾虑。

（3）物流

物流问题的提出说明了客户已经基本对商品满意，只是疑虑物流方面的问题，这时售前客服需要根据物流规则合理解答，打消客户在物流方面的疑虑。

4.议价环节

在与客户的交流过程中，议价是不可避免的。面对客户的议价，售前客服首先得明确是否有议价的权限，根据自己的权限做出相应的回复。

（1）无议价权限

应当灵活处理，告知买家我们的产品是优质的，销售价格是公司制定的无法做变动，进行委婉拒绝，了解客户觉得贵的原因，有针对性地回复，可以强调商品优质的材质、工艺、包装等是有质量保证的。

（2）有议价权限

结合授权的议价空间，答复客户，告知他们当前店铺的一些优惠活动，包含满减、定向优惠券、赠品等，或者在运费上给予一些优惠，达成交易。如果遇到订单金额较高的买家，售前客服给到的价格无法满足需求时，需上报上级负责人。

5.支付环节

支付环节中售前服务包括以下几点。

①对于新手客户，在支付操作过程中遇到一些问题，无法及时达成支付，这时候，售前客服需要主动联系客户，以关心的口吻，了解客户碰到的问题，并耐心给予指导，直到客户完成付款。

②对于部分需要优惠运费的订单的客户，在跟客户达成一致后，需要等客户拍下订单，然后修改价格，客户再进行支付。

③对于客户完成支付后，售前客服应及时跟客户核实地址、电话等个人信

息是否准确，还需特别关注个性化留言，做好备忘录，有效避免错发、漏发等情况，尽可能减少售后不必要的麻烦和纠纷。

6. 道别环节

无论成交与否，售前客服都要表现得大方热情，这样很大概率会给客户留下好印象，回购率也会得到提升。例如："您好，谢谢您选购我们的产品！您购买的宝贝正向您奔来，欢迎您再次光临小店，祝您生活愉快哦！"

7. 物流环节

物流是一个很重要的环节，它牵动着买卖双方的心。售前客服要及时查看订单物流有没有疑难件，[①]及时跟进查询，发现后要第一时间通知客户说明情况，避免售后因物流产生的纠纷。如果接到客户反馈物流停止更新，要记录买家ID进行跟踪处理，做到对客户负责，即使遇到不可避免的物流问题，客户会感受到售前客服用心为其处理的态度，从而化解部分纠纷。如图6–5所示为物流查询流程。

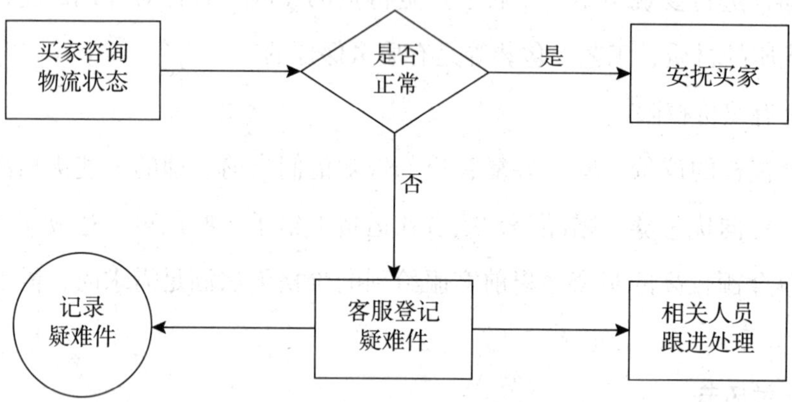

图6–5　物流查询流程

8. 确认收货环节

确认收货环节是整个网购的终点，这时售前客服要表现出热情、温和的态度，给客户留下好印象，提升回购率。比如："小店收到飞鸽传书，得知您的宝

① 疑难件：快递术语，多见于快递跟踪记录中，一般是由于快递包裹上的地址有误或不在派送区域所致。

贝已经安全抵达。您收到宝贝后请留意检查，有任何问题请第一时间联系我们呦，如果没有问题麻烦用您可爱的手指点一下确认收货哦！”

（二）售前服务话术

售前客服对于提升店铺的转化率起到十分关键的作用，因此售前客服掌握售前话术不仅能给客户留下良好的印象，还能提高店铺商品的销量。如表6-1所示。

表6-1 售前服务话术

背景	参考话术
了解客户需求	亲，您是买来自己用呢？还是送人呢
	亲，您需要什么类型的商品？我可以结合您的需要为您推荐合适的宝贝
处理商品异议	亲，本店商品保证质量，同时支持7天无理由退换货服务，请您放心购买，如有问题随时联系我们
	亲，您还有什么问题或顾虑吗？有问题的话可以告诉我哦，我帮您再详细解答一下，衷心希望您能选到称心如意的商品
议价	亲，非常抱歉，现在这个价格已是折后价格，已经很便宜了。本店保证商品质量，性价比也高，您可以看看买家对宝贝的评价再放心购买
	亲，您点击购买，提交订单后先不要付款，我帮您看看具体的价格，能给您优惠一定给您最大的优惠
推荐商品	亲，如果您不是很喜欢这款商品，那么您可以看一下另外一款商品，它一定能满足您的要求，其他客户的评价都很不错哦
	亲，您看这款商品怎么样？根据您的要求和喜好，我认为这款商品正好符合
引导下单及催付	亲，您好，是支付上遇到问题了吗？有不清楚的地方，可以告诉我，或许我能帮到您
	亲，这款商品是我们的热卖单品，拍下它，我们尽快安排发货，我们的库存有限哦
跟进物流	您好，我们是和××快递合作的，您现在购买，今天安排发货，正常情况下××天左右可以到货
	您好，由于快递不受我们控制，我们无法保证具体到货时间，只能保证今天一定给您安排发货，希望您能理解

子项目三　农产品电商售后服务

任务一　农产品电商售后服务的宗旨

农产品电商售后服务宗旨概括为以下三点（见图6-6）：

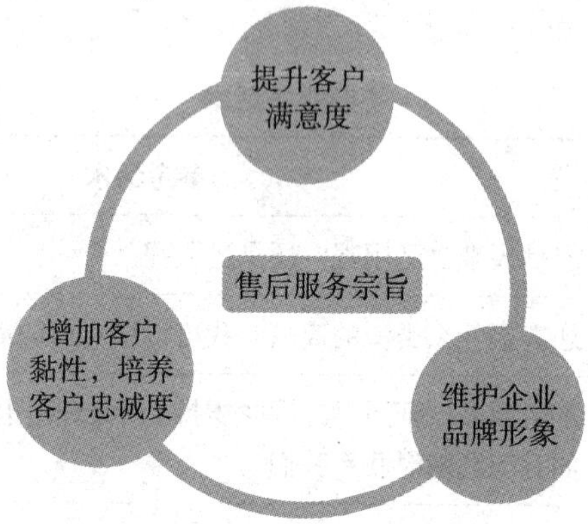

图6-6　售后服务宗旨

一、提升客户满意度

客户的满意度是由商品和服务两个方面组成，其中服务是其中非常重要的一个部分，优质的售后服务可以让客户对商品的品质更加放心，同时让客户不用担心因商品问题所产生的纠纷，因此售后服务可以提升客户对店铺的满意度。

二、维护企业品牌形象

售后客服可以大幅度减少由于客户投诉、差评或负面评价给网店带来的负面影响，从而减少对网店以及品牌的负面影响，维护企业品牌形象。

三、增加客户黏性，培养客户忠诚度

优质的售后服务不但能让客户放心使用产品，而且也能让客户感受到网店良好的服务与产品的附加价值，从而可以有效地提升客户回购商品的概率，最终形成比较稳定的、忠诚度高的客户群。

任务二　农产品电商售后服务的基本流程与技巧

一、农产品电商售后服务的内容

（一）接待客户

接待客户是售后客服工作过程中较为重要的一个环节，该环节处理得好坏，直接关系到后续工作能否顺利进行，因此售后客服应重视此环节。售后客服接待客户的目的是明确客户在使用产品的过程中遇到的问题，并帮助客户解决问题，因此在接待过程中售后客服除了热情礼貌的态度之外，更多的是耐心倾听客户的诉求，并引导客户把问题清晰化。

（二）帮助客户解决问题

在明确了客户的问题后，需要售后客服根据客户所提出的问题给予合理解决，该环节需要售后客服在遵守平台、网店所有规则的前提下，最大限度地帮助客户解决问题。

（三）退款/退换货

退款/退换货就是客户在未收到货或收到货之后，对商品不满意或其他原因通过平台进行退款/退换货申请，售后客服可收到相应的申请信息，此时需要售后客服依据客户申请退换货的理由进行相应的处理，如图6–7所示。

图6–7　退款/退换货申请页面截图

（四）查看评价、问大家

评价是客户对店铺、商品、物流等方面的综合评分，因此客户的评价直接影响店铺的口碑和销售额，对此需要售后客服每日细致浏览客户的评价，同时对客户做出的评价予以积极的反馈，图6–8是售后客服对评价的反馈。当售后客服在遇到差评时，应主动与评价的客户沟通，了解问题的根本原因并给予最大限度的理解并妥善解决，尽量消除差评对店铺的影响。

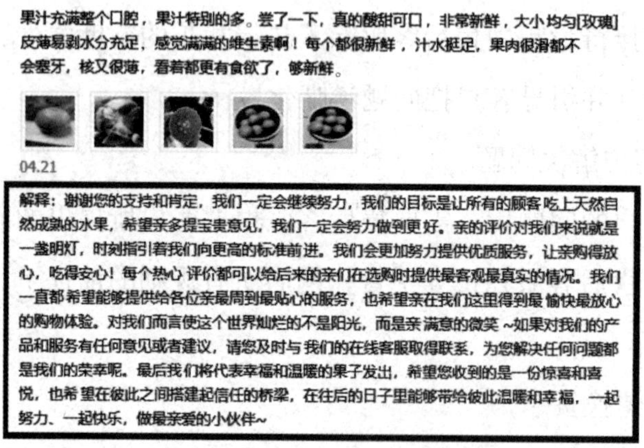

图6–8　售后客服对评价的反馈示例

（五）售后问题收集与反馈

售后客服在处理售后问题时，需对售后过程中遇到的问题进行收集和反馈，以提升店铺的整体质量，同时将售后问题分类归纳，最终形成网店售后问题处理指导手册，从而提升店铺售后服务效率。

二、农产品电商售后服务的基本流程与技巧

（一）退款/退换货的流程与处理技巧

1.退款流程

①卖家未发货，买家退款（见图6–9）。

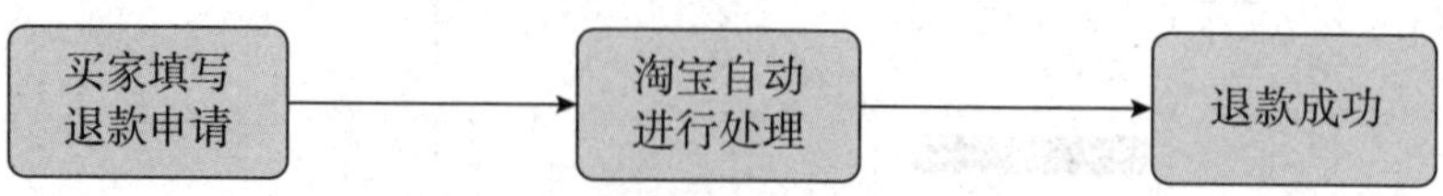

图6–9　卖家未发货，买家退款流程

②卖家已发货，但买家未收到货退款（见图6–10）。

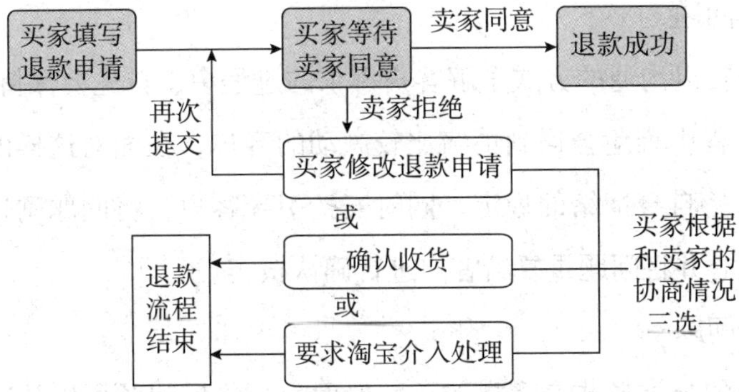

图6–10　买家未收到货退款流程

③买家已收到货，退货退款（见图6–11）。

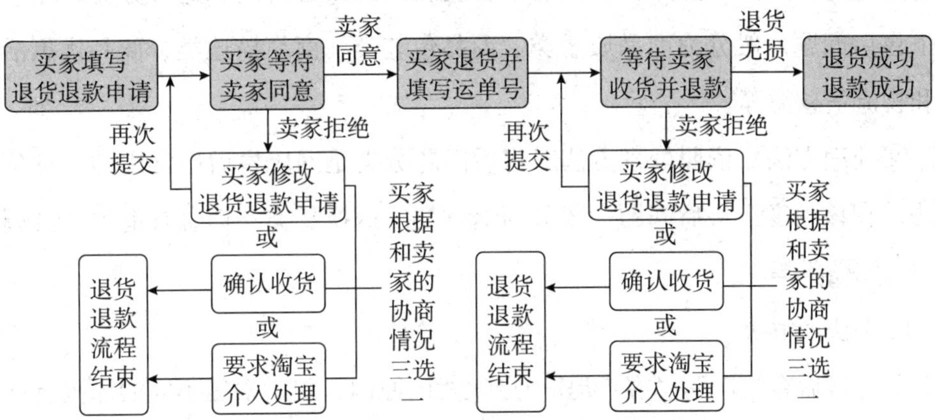

图6–11　买家收到货后退货退款流程

④买家已收到货，退款（无须退货）（见图6–12）。

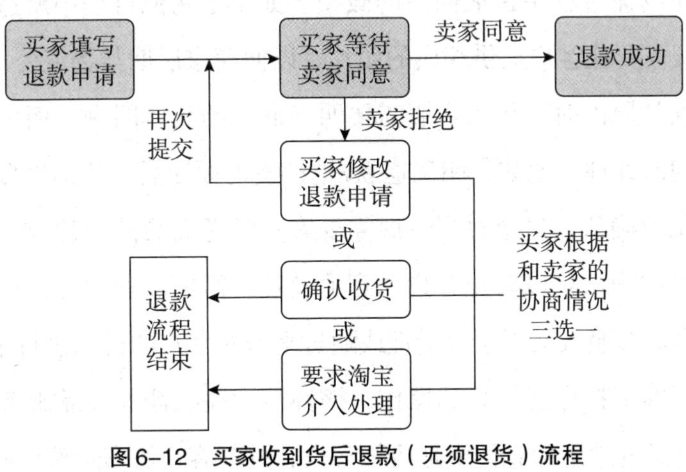

图6–12　买家收到货后退款（无须退货）流程

2. 退换货处理的技巧

（1）确认问题

售后客服在以沟通的方式了解客户诉求的过程中，首先要保持情绪的稳定，通常在售后过程中难免会遇到情绪比较激动的客户，在面对这样的客户时，售后客服需要保持自身情绪的稳定，同时安抚引导客户，将问题阐述清楚；然后提炼问题的核心并将问题重复给客户进行确认核实。

（2）分析问题

售后问题的分类形式是多样的，一般而言，售后问题可以从问题的主体和处理方法两个角度进行分类。

①问题的主体。依照售后问题中所反映出的核心对问题进行分类，在该角度下售后问题一般分为商品质量类、商品包装类、商品描述类、商品优惠活动类和物流信息类等。

②处理方法。依照处理方法对售后问题分类是网店售后中常用的一种分类方法，在该角度下售后问题一般分为退款类、退换货类、信息查询类、协调物流类、赔偿类等。

（3）协商解决

首先售后客服应明确客户退款/退换货的原因，而后根据不同的原因有针对性地解决。通常，客户退款/退换货的原因有物流和商品两类。

在针对物流原因造成的退款/退换货时，需要与客户进一步明确是商品没有按时寄到还是物流过程中造成商品的破损。如果是物流过程中所造成的商品破损，售后客服需要让客户提供相应的照片，以便商家后期与物流公司协调赔偿。

在针对商品原因时，售后客服需要明确商品的具体问题，而后依据不同的问题给予合理的处理。比如，明确退款/退换货的原因后，售后客服需要对退换的商品进行细节确认，这个过程一般需要客户发送商品的图片或视频，对商品进行细节方面的确认，以防止客户恶意退换货。需要注意的是，针对恶意退换货的客户，售后客服人员不予以受理或通过平台对客户的行为进行举报。

最后售后客服执行退换货的操作，该环节中往往涉及商品邮寄，因此需要售后客服将寄送的地址信息清晰地告知客户，并与客户协商运费的问题。

（二）投诉处理

1.类型

（1）物流

①延迟发货。

延迟发货是指卖家在客户付款后未按约定时间发货的行为，这主要和网店的售后服务相关，属于引发售后问题的内部因素。延迟发货经常会导致客户要求退款，致使店铺的交易额损失。延迟发货的原因有很多，如库存不足、售前与售后工作交接问题、售后遗漏问题等。

②物流速度过慢。

物流速度过慢经常会出现在店铺促销及节假日期间，因发货量大、包裹数量多，给物流公司造成了巨大的压力，或者遇到自然性灾害天气，比如，暴风雨天气、大雪封路等情况都会导致物流速度过慢。多数情况下，店铺与快递公司是两个彼此独立的个体，店铺并不能决定快递运输速度的快慢，然而客户因长时间收不到商品的不满却会通过卖家发泄，于是很多店铺会遭到客户对物流的投诉和差评。

③商品有破损。

客户收到商品之后发现商品有破损，这有可能与发货时网店的检查不严有关，即商品本身就有破损；也有可能与快递公司在运输和派件过程中的不当操作有关。作为最终收到商品的第三方，客户并不清楚到底是快递公司的过错还是商品本身存在着破损，而卖家与快递公司也很难证明是哪一方的责任，通常在这个时候，客户都会找到店铺进行售后问题的反映，并要求处理。

（2）商品

①商品包装。

商品包装是商品的一个重要组成部分，它是商品的信息载体，是商品与客户直接见面的视觉形象，也是商品的“无声推销员”，其最直接的目的是激发客户的购买欲望。结实、实用的商品包装可以有效地保护商品；安全、可靠的包装有利于商品的长期储存，且有利于延长商品的使用寿命；方便拆封的包装，便于客户使用。

总之，凝聚商品的特性，设计合理的商品包装，能使客户产生便利感，促使客户再次购买；相反，制作粗劣、形象欠佳的包装会直接影响甚至抑制客户的购买欲望，在客户向卖家反馈商品包装影响其使用后，卖家可以通过协商给予客户补偿或者退款。

②商品与描述不符。

商品与描述不符是指客户收到的商品与达成交易时卖家对商品的描述不相符，卖家未对商品瑕疵、保质期、附带品等必须说明的信息进行披露，侵犯客户权益的行为，具体包括以下情形。

a.卖家对商品材质、成分等信息的描述与客户收到的商品严重不符，或导致客户无法正常使用的；

b.卖家未对商品瑕疵等信息进行披露或对商品的描述与客户收到的商品不相符，且影响客户正常使用的；

c.卖家未对商品瑕疵等信息进行披露或对商品的描述与客户收到的商品不相符，但未对客户正常使用造成实质性影响的。

若交易还在进行中，客户可联系卖家协商换货或退货，若无法协商一致，须及时申请退款，并在规定时间内发起维权申请“要求客服介入”，并上传有效凭证（如实物对比图片），待淘宝客服核实。

若交易已成功，客户可联系卖家换货或退货，保存协商好的阿里旺旺聊天记录和退货凭证，如果在交易成功后的15天内未得到解决，须及时发起售后申请，并上传相关凭证（如实物对比图片等），等待淘宝客服核实处理。

超过投诉维权处理时间，如果无法直接发起投诉维权（超出维权时间、维权已经撤销或对维权处理结果不满意等情况），可直接联系平台，请淘宝客服核实确认。

③商品质量问题。

a.外观质量。商品外观质量，是指商品外形方面满足客户需要的性能，主要表现为商品的光洁度、造型、颜色等方面，是客户在收到商品后能够通过肉眼识别的性能。如客户遇到商品外观质量问题可拍照或发送视频给卖家反馈，卖家证实确是因自家后台工作人员疏忽导致影响客户正常使用的，应当负责修理、更换、退货或赔偿相应的损失。需要注意的是针对恶意损坏商品外观的客户，售后客服不予以受理或可通过平台对客户的恶意行为进行举报。

b.使用质量。商品的使用质量，即商品使用过程中表现出来的质量，直接影响客户对于商品的使用体验，而客户对商品的使用体验又包含商品的便捷性、耐用性、可靠性、功效性等方面。使用质量好的商品应该是使用寿命长、可靠性高、使用效率好的商品。遇到客户对商品使用质量不满意的情况，卖家应耐心倾听客户的反馈，然后分析总结出是客户使用不当还是自家商品存在质量问题。如果是客户使用不当，卖家可向客户委婉讲解正确使用商品的技巧，并且收回客户已收到的商品，给客户重新发货以安抚客户；若经过检查核实，确是因卖家生产过程中产生的质量问题，卖家应给予客户口头道歉并且支持退款或补偿等，以此给客户带来好的购物体验。

（3）货源问题

客户进行网购是为了购买到自己喜爱的商品，但若在客户付款购买之后，网店货源出现了问题，导致不能及时发货或根本不能发货，客户就会感到强烈的不满。引起货源纠纷的因素主要有缺货和断货两个方面。此时，卖家应安抚客户的情绪，并且支持退货退款和补偿，降低因货源问题给客户带来的影响。

（4）维权问题

维权是指在交易行为成立后，客户因种种不满与卖家产生纠纷并向权威管理机构发起投诉的行为。客户进行维权的原因基本可以归纳为以下几类：对商品不满产生的纠纷；对物流服务不满产生的纠纷；对客服服务态度不满产生的纠纷；对收付款存在异议产生的纠纷。

2.处理

（1）分析原因

根据客户投诉的问题做详细的分析，在自己没有把握的情况下，不要下结论，不要下判断，也不要轻易承诺。最好与其他客服人员或上级领导协商，共同分析问题。例如：

①是否有必要再做进一步了解？

②如果客户所反馈的问题不合理，或无事实依据，如何与客户沟通？

③解决问题时，客户除了要求经济补偿外，还要求其他补偿怎么办？

（2）协商

经过与其他客服人员或者上级商议，得到明确意见之后，与客户进行交涉协商。在与客户协商时同样要注意言辞的表达，表述时要清楚、明确，尽可能听取客户的意见，并观察其反应，抓住要点，妥善解决。

（3）落实处理方案

在处理方案有了结论后，要尽快通知客户，并密切跟踪落实结果。处理方案中如有需要其他部门配合的，要及时进行相关信息的互通传递，以确保处理方案的落实。

知识拓展

一、客户关怀的形式

客服人员在进行客户关怀前需要了解客户关怀的形式，常见的关怀形式往往是通过手机短信、电子邮件、阿里旺旺等沟通工具给客户发送关怀信息，关怀内容具体分为售后关怀、情感关怀、节日关怀及促销关怀四类。

1.售后关怀

客服人员围绕售后问题对客户进行关怀，如询问客户是否收到商品、询问客户商品使用感受、询问客户商品是否有质量问题等。

2.情感关怀

客服人员围绕客户生活、工作方面的问题对客户进行关怀，常见的关怀方式有生日祝福、纪念日祝福、赠送小礼品等。需要注意的是在进行情感关怀时不要过多地涉及客户的私人生活及情感。

3.节日关怀

客服人员在重要的节日对客户进行关怀，这类关怀一般以节日祝福的内容为主，设定在节日当天发送祝福短信或直接通过电话给客户送上祝福。

4.促销关怀

根据客户喜好，举办相关的沙龙、讲座等活动，其间客服人员可围绕网店商品、网店促销活动对客户进行讲解，通常情况下还会给客户发送优惠券。

二、客户关系管理的重要作用

随着时代的进步，客户关系管理越来越重要。客户关系的管理将成为企业生存和发展的必要手段，只有准确地分析和判断客户的需求，才能看清企业存在的问题和发展方向。总体而言，客户关系管理的重要作用概括为以下四点。

1.提高客户忠诚度

很多企业想通过促销、赠券、返利等留住客户，从而得到客户对企业的忠诚，但往往事与愿违。如今的客户需要的是企业对个性化需求的关注和满足，企业如果能及时了解客户需求及购物习惯等信息，并且能提供超出客户期望的可靠服务，那将会大大增强客户对企业的信任，才能赢得客户的忠诚。

从市场营销学的角度来说，企业培育忠诚客户是通过树立“客户至上”的意识，与客户建立起一种长久的、稳固的合作、关注、互惠互利的关系，满足客户的利益，客户才能成为企业的忠诚客户。

2.建立商业壁垒

促销、折扣等手段并不能有效地建立商业壁垒。只有详细掌握客户的资料，并制定相关的服务策略，为客户提供个性化的服务，才能真正构筑起商业壁垒，才能增加其他企业挖走客户的难度。

3.创造双赢效果

良好的客户关系管理对客户与企业都是有百利而无一害的，是一种双赢的策略。对客户而言，客户关系管理能够为其提供更好的服务、更适合的商品；对于企业来说，通过客户关系管理可以随时了解客户的构成、需求变化等信息，并灵活地做出回应。

4.降低营销成本

以往的企业活动往往都是为了满足企业内部的宣传需求，不但效果不好，还会增加营销成本。通过企业实施客户关系管理后，可以通过对客户的了解，有针对性地进行客户维系和发展，降低营销成本和客户沟通成本。

课程思政

2020年5月26日，为贯彻落实中央一号文件部署，推进电子商务进农村，建立农村现代市场体系，助力脱贫攻坚和乡村振兴，财政部办公厅、商务部办公厅、国务院扶贫办综合司联合发布《关于做好2020年电子商务进农村综合示范工作的通知》(以下简称《通知》)。

《通知》指出，鼓励各地优先采取以奖代补、贷款贴息，结合先建后补、购买服务、直接补助等支持方式，合理加快资金进度，提高资金使用效益，通过中央财政资金引导带动社会资本，共同参与农村电子商务工作。

《通知》提出，要大力发展农村电子商务，促进形成农产品进城和工业品下乡畅通、线上线下融合、涉农商品和服务消费双升级的农产品流通体系和现代农村市场体系，培育一批各具特色、经验可复制推广的示范县。示范县重点商贸流通企业依托电商实现转型升级，物流成本明显降低，农产品进城和工业品下乡有效畅通，农村网络零售额、农产品网络零售额年均增速高于全国平均水平，农村消费产品质量明显提升。“三区三州”深度贫困地区可结合实际，制定合理可行的发展目标。

关于中央财政资金支持方式和重点，《通知》指出，鼓励各地优先采取以奖代补、贷款贴息，结合先建后补、购买服务、直接补助等支持方式，合理加快资金进度，提高资金使用效益，通过中央财政资金引导带动社会资本，共同参与农村电子商务工作。财政资金重点支持农产品进城，兼顾工业品下乡，对承担疫情防控相关重要物资保供任务且工作突出的电商、物流、商贸流通企业在同等条件下予以适当倾斜。中央财政资金实行“鼓励发展+负面清单”管理模式，重点支持县乡村三级物流配送体系、农村电商公共服务体系、农村现代流通服务体系以及农村电子商务培训体系。

资料来源：中国政府网，www.gov.cn。

项目七　农产品网店数据分析

微信扫一扫
码上就能学
教学设计 · 项目七

农产品网店数据分析主要包括农产品网店推广传播数据分析以及农产品网店推广转化数据分析两部分。随着电商行业的蓬勃发展，市场竞争日趋激烈，粗放式的运营方式已经不能适应市场的需要，利用数据分析指导网店做好精细化运营便显得愈发重要。本项目以逐层递进的方式讲解农产品网店推广传播数据分析以及推广转化数据分析的相关知识，帮助读者掌握农产品网店数据分析的流程与方法。

本项目包含两个子项目，共计四个学习任务。

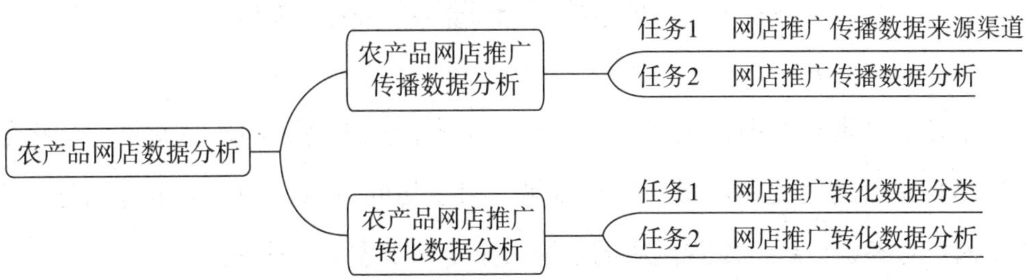

学习目标

微信扫一扫
码上就能学
教学课件 · 项目七

※ 知识目标

1. 认识网店推广传播数据来源渠道。

2. 了解网店推广转化数据指标。

※ 能力目标

1. 掌握农产品网店推广传播数据分析的流程与方法。

2. 掌握农产品网店推广转化数据分析的流程与方法。

※ 思政目标

了解大数据在构建现代农业体系中的重要作用。

项目导入

小张是某大学电子商务专业的毕业生，目前就职于某电商公司，负责公司一个新开网店的运营。随着网店运营理念的不断迭代，原先粗放式的运营方式已经不能适应网店发展的需求，对网店数据进行分析，从而发现问题、分析问题、解决问题的精细化运营方式能够使网店获得更好的发展。为了找到适合新开网店运营的优化方法，小张决定借助所学的数据分析相关工具和方法，对网店运营过程中存在的问题进行深入的挖掘。

子项目一　农产品网店推广传播数据分析

任务一　网店推广传播数据来源渠道

小张在日常运营中，发现淘宝平台有很多推广渠道，网店日常推广传播数据主要来源于淘内免费流量、付费流量、自主访问流量、淘外流量等四种。小张进入生意参谋后台，发现网店的一级流量走向如图7–1所示。

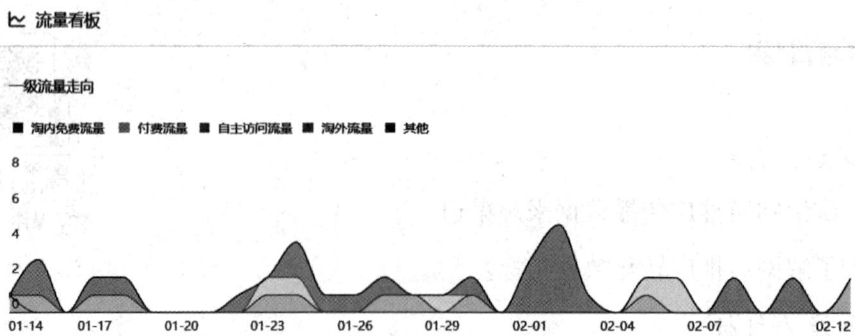

图7–1　网店一级流量走向示例

一、淘内免费流量

淘内免费流量是指在淘宝（天猫）内的多种流量入口免费获得的流量，包括淘宝搜索、淘宝首页、店铺动态、淘宝类目等，图7-2所示为淘宝搜索的流量展示。这种渠道对网店运营能力要求很高，需要运营者学习相关的专业知识，以及熟练掌握多种技能，如提高店铺的动态评分、设计商品主图、优化商品标题、准确描述商品等。

图7-2　淘宝搜索的流量展示示例

二、付费流量

付费流量是指卖家通过付费推广活动、营销工具等获取的流量，包括直通

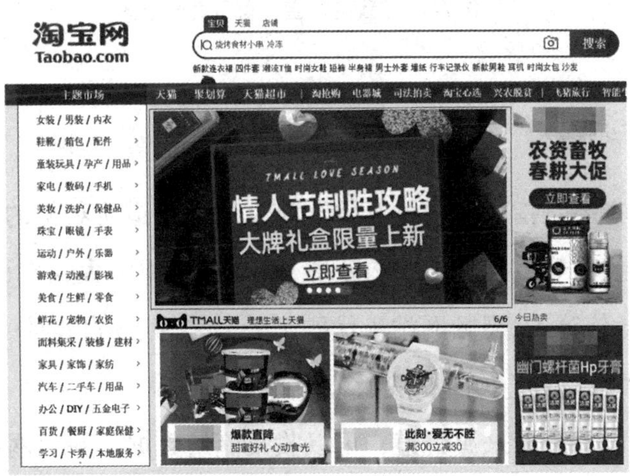

图7-3　淘宝首页钻石展位流量入口示例

车、淘宝客、品销宝、聚划算等。卖家通过付费的方式获取的流量相对较为精准，但获客成本也相对较高，卖家需要根据自身需求和资金推广预算来选择。如图7–3所示，是淘宝首页钻石展位流量入口。

三、自主访问流量

自主访问流量是指通过店铺收藏、宝贝收藏、收藏夹、购物车、已买到的商品、直接访问等入口进入网店的客户。通过此类流量渠道进入网店的客户大都比较了解网店或者具有明确的购买意向，转化率相对较高，比较容易促成交易。如图7–4所示，在“我的淘宝”首页中，就有“我的购物车”“已买到的宝贝”“购买过的店铺”“我的收藏”等入口。

图7–4 “我的淘宝”首页页面截图

四、淘外流量

淘外流量主要是指卖家通过其他非淘宝来源渠道所获得的流量，包括搜索引擎（百度、搜狗等）推广、导购分享App（小红书、大众点评等）、社交工具（新浪微博、微信等）、视频网站（优酷、爱奇艺等）、自媒体平台（今日头条、百家号等）、团购网站（美团、饿了么等）。

小张基于以上流量来源渠道，可以收集流量数据，并对网店的流量质量进行分析。

任务二　网店推广传播数据分析

小张通过查阅相关资料发现，网店数据分析的步骤，大致上可以分为四步：采集数据、整理数据、分析数据及得出结论，如图7–5所示。

图7–5　数据分析的步骤

一、采集数据

采集数据是指基于某个明确的目的，按照设计的分析框架和数据模型，有针对性地对相关过程数据进行收集、整合，是进行数据分析的基础。网店数据采集通常可以借助百度指数、生意经、生意参谋等工具来完成，它们通过流量端口对接，能够快速、准确、智能地收集所需数据，这些数据将真实有效地反映出网店的实际运营情况。

二、整理数据

整理数据是对所采集到的数据进行检验、归类和数字编码的过程，是数据统计分析的基础。整理数据过程中可能会用到多种方法，如归纳法、演绎法等。数据的整理按照“审核原始数据→确定分类项目→整理归类数据→分组统计数据→数据图表化”的流程完成。

三、分析数据

整理好数据后，需要按照一定的逻辑，采用科学的方法进行分析，深挖数据的价值，分析数据中隐藏的有价值的信息，一般可以采用对比分析法、分组分析法、结构分析法等。

1.对比分析法

对比分析法也称比较分析法，指将两组或两组以上的数据进行对比，分析其中的差异，从而揭示这些数据所代表的事物发展变化情况和规律性。这种分析方法可以非常直观、准确、量化地反映事物某方面的变化或差距。

2.分组分析法

分组分析法是根据数据分析对象的特征，按照一定的标准把数据分析对象划分为不同的类型来进行研究，分析其内部结构和相互关系，以展现其内在的联系和规律。

3.结构分析法

结构分析法又称比重分析法，是指被分析对象的各部分与总体之间进行对比的分析方法，即总体内各部分占总体的比例，属于相对指标。结构分析法中经常会用到同比和环比。

除此以外还有交叉分析法、综合评价分析法等分析方法，具体应用可以根据所要分析的数据结论自行选择，有时可能会用到不止一种方法，或交叉使用多种分析方法。

四、得出结论

数据分析的最终目的，一方面是发现其中的问题，找到问题的根源，最终通过切实可行的方法解决问题；另一方面基于之前的数据分析，总结其中的发展规律和趋势，为网店的运营提供支持。另外，结论最好以书面形式呈现，这样方便针对结论制订新的计划。

对于小张而言，通过对网店流量数据的分析，发现网店流量目前存在的问题，为进一步提高网店流量及转化率而进行优化，最终实现提高网店销量的目的。

了解数据分析的基本步骤后，小张决定利用生意参谋对网店整体的流量数据进行分析。小张目前所负责的是一家新开的网店，其各流量来源渠道的数据还不够稳定，通过对比网店同一周期内的数据所得出的结论不具备参考性，因此小张决定通过将网店的流量来源数据与同行平均数据对比来发现问题，其具体步骤如下。

步骤1：登录淘宝账号，进入卖家中心，选择左侧导航栏“数据中心”下的

“生意参谋”，选择上方导航栏中的“流量”，进入网店“流量总览”数据页面，如图7-6所示。

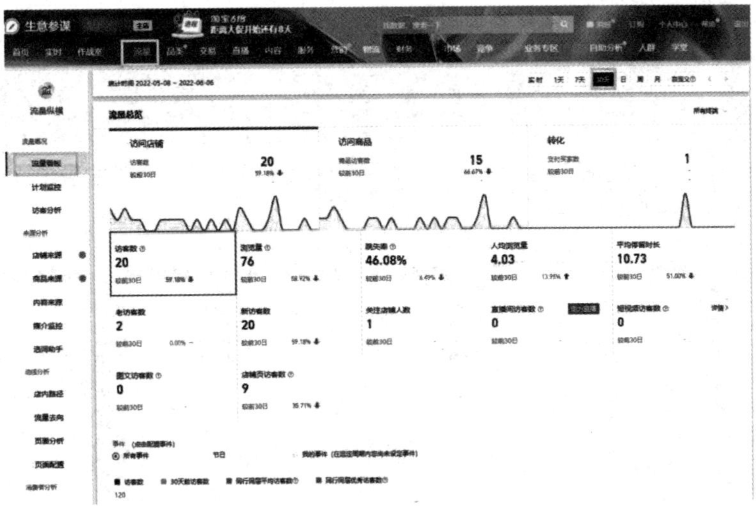

图7-6　生意参谋“流量总览”页面截图

步骤2：下载流量来源数据。选择左侧导航栏“来源分析”下的“店铺来源”，在右侧选择“构成”并选择数据的时间周期及数据终端，如图7-7所示，最后点击“下载”来下载流量来源数据。

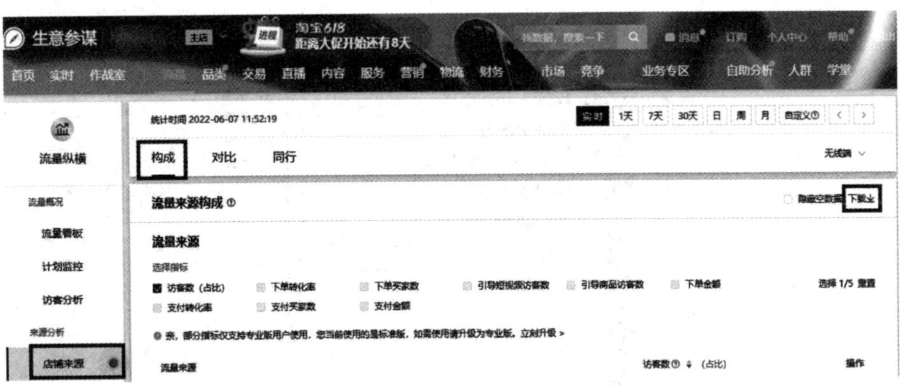

图7-7　流量来源构成数据页面截图

步骤3：整理流量来源数据。利用Excel表格对收集到的数据进行排序、分组以及简单的计算。小张电脑上安装的是WPS办公软件，他通过该软件打开表格并进行如下操作。

步骤3.1：排序。排序是数据处理中比较常用的方法之一。打开下载的流量来源数据，在Excel表格中，选中需要筛选的字段名，点击表格上方功能栏中的“筛选”，如图7–8所示。

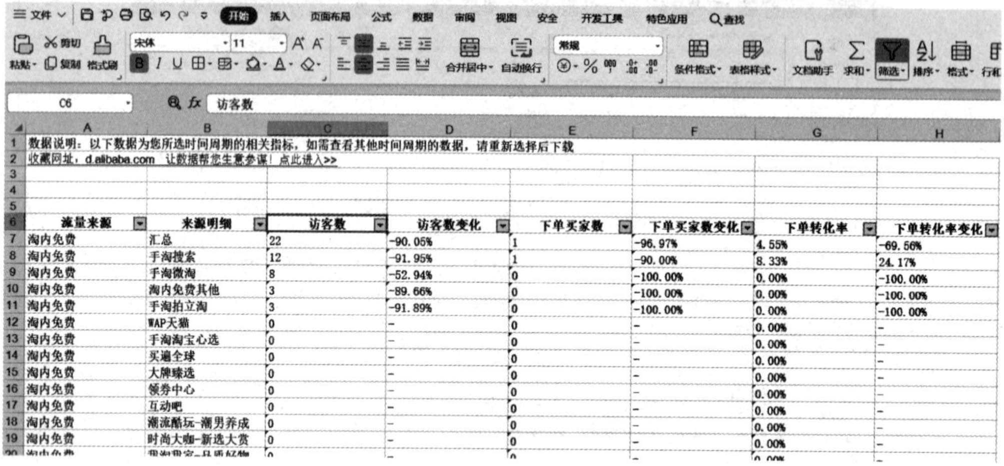

图7–8　筛选数据示例

点击“筛选”后，待筛选的字段名右侧出现下拉箭头，点击箭头，设置排序方式，如图7–9所示。小张为了更直观地查看某段时间内不同流量渠道访客数从高到低的变化，选择降序排列，其结果如图7–10所示。

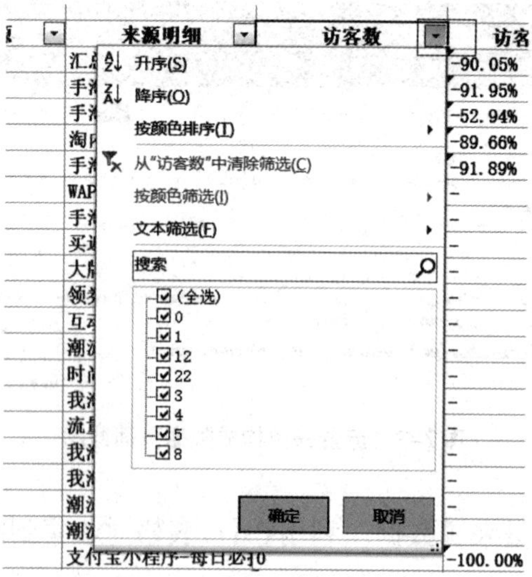

图7–9　设置排序方式示例

流量来源	来源明细	访客数	访客数变化	下单买家数	下单买家数变化
淘内免费	手淘搜索	12	-91.95%	1	-90.00%
淘内免费	手淘微淘	8	-52.94%	0	-100.00%
付费流量	淘宝客	5	-82.14%	0	-100.00%
自主访问	我的淘宝	4	-89.19%	0	-100.00%
淘内免费	淘内免费其他	3	-89.66%	0	-100.00%
淘内免费	手淘拍立淘	3	-91.89%	0	-100.00%
自主访问	购物车	3	-84.21%	0	-100.00%
自主访问	直接访问	1	-	0	-
淘外网站	淘外网站其他	1	-66.67%	0	-

图7-10　降序排列数据结果示例

步骤3.2：分组。分组也是数据整理中常用的方法之一，便于将大量杂乱的数据按需求进行分类统计。小张按照流量来源进行分析，细分每个来源明细中的访客数，但他发现每类流量下面的来源明细都很多，如图7-11所示。

流量来源	来源明细	访客数	访客数变化	下单买家数
淘内免费	手淘搜索	12	-91.95%	1
淘内免费	手淘微淘	8	-52.94%	0
淘内免费	淘内免费其他	3	-89.66%	0
淘内免费	手淘拍立淘	3	-91.89%	0

图7-11　网店流量来源分组统计表示例

为了更加直观、高效地查看每个流量来源数据，小张决定使用数据透视表进行分组，具体操作如下：

步骤3.2.1：使用快捷键“Ctrl+A”选中整个工作表，或通过鼠标选中数据范围，点击Excel上方工具栏中的“插入”选项卡，接着点击“数据透视表”，如图7-12所示。

图7-12　插入数据透视表示例

步骤3.2.2：点击后出现“创建数据透视表”窗口，选择放置数据透视表的位置，小张选择的是放置到新工作表，如图7-13所示。

步骤3.2.3：点击“确定”后，会出现数据透视表展示区，如图7-14所示的新工作表。

在WPS工作软件的新工作表右侧，可以看到数据透视表的字段列表，将需要透视的列和行字段分别拖到对应位置，就会出现如图7-15所示的表格。

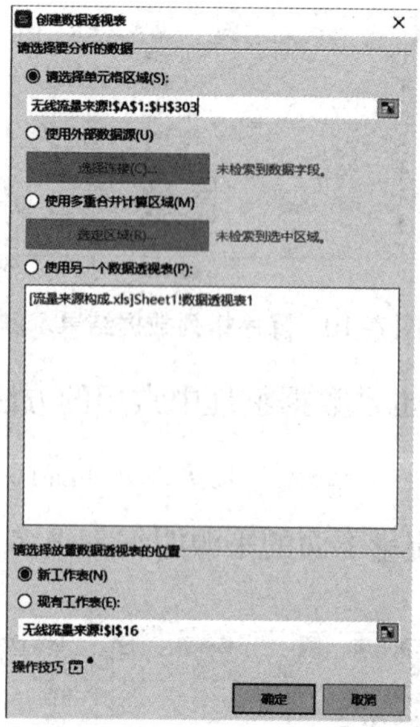

图7-13　创建数据透视表示例

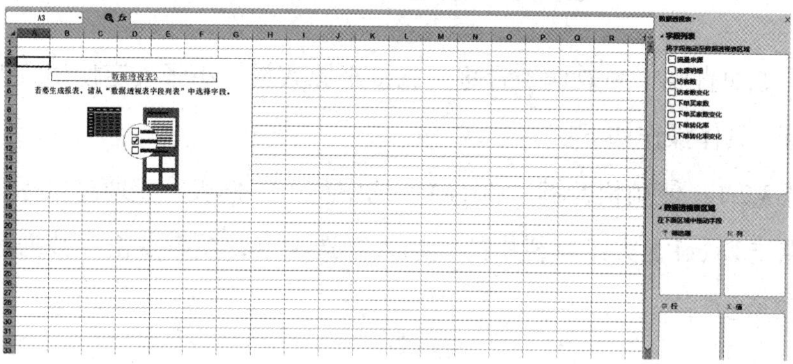

图7-14　数据透视表展示区示例

计数项:访客数		
流量来源	来源明细	汇总
付费流量	TMAX	1
	超级推荐	1
	汇总	1
	聚划算	1
	麻吉宝	1
	品销宝- 明星单品	1
	品销宝- 明星店铺	1
	品销宝- 品牌首推	1
	品销宝- 品牌专区	1
	品销宝- 品牌专区定价cpm	1
	淘宝客	1
	直通车	1
	智钻	1
付费流量 汇总		13
其他来源	汇总	1
	其他来源	1
其他来源 汇总		2
淘内免费	WAP淘宝	1
	WAP天猫	1

图7-15　数据透视表分析数据示例

步骤3.3：简单计算。通过使用一些简单、常用的加、减、乘、除等函数公式或通过Excel对应的命令对原始数据进行整理。小张想统计最近一个月的访客数总和，可直接按住鼠标左键不放，选中需要求和的数据范围，如图7-16所示。

流量来源	来源明细	访客数
付费流量	TMAX	1
	超级推荐	1
	聚划算	1
	麻吉宝	1
	品销宝-明星单品	1
	品销宝-品牌专区	1
	淘宝客	1
	直通车	1
	智钻	1
淘内免费	WAP淘宝	1
	WAP天猫	1
	阿里拍卖	1
	阿里体育-大富翁	1
	榜单会场	1
	潮流酷玩-潮男养成	1
	潮流酷玩-科技前沿	1
	时尚大咖-新选大赏	1
淘外App	白菜价	1
	穿衣助手	1
	堆糖	1
	肥猫条码	1
	汇总	1
	家居装修设计	1
	九块九包邮	1
	卷皮	1

图7-16　选中求和的数据范围示例

再点击Excel上方工具栏中的“公式”选项卡，点击“自动求和”，自动对选择范围内的数据进行求和，如图7-17所示。

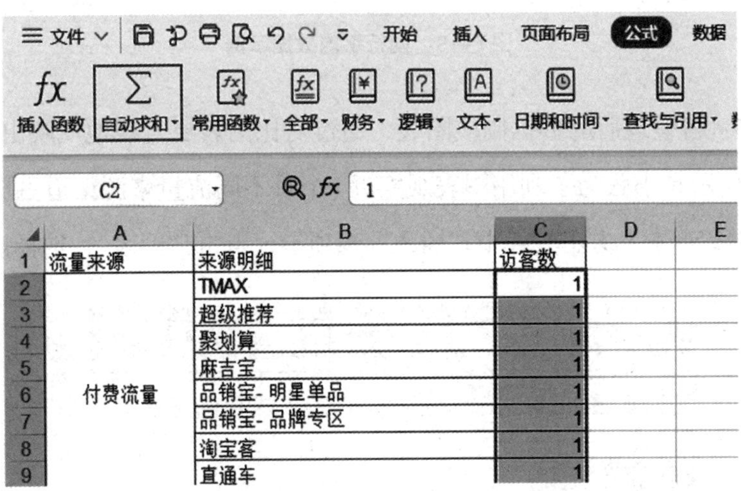

图7-17　自动求和示例

如图7-18所示为求和结果。

流量来源	来源明细	访客数
其他来源	人人逛街	1
	手机腾讯	1
	搜狗	1
	搜搜	1
	腾讯微博	1
	新浪网	1
	新浪微博	1
	一淘	1
	优酷	1
	有道	1
	折800	1
自主访问	购物车	1
	我的淘宝	1
	直接访问	1
		62

图7–18　求和结果示例

步骤4：按照步骤2、步骤3，利用生意参谋工具下载同行平均数据，然后进行简单的处理，如图7–19所示。

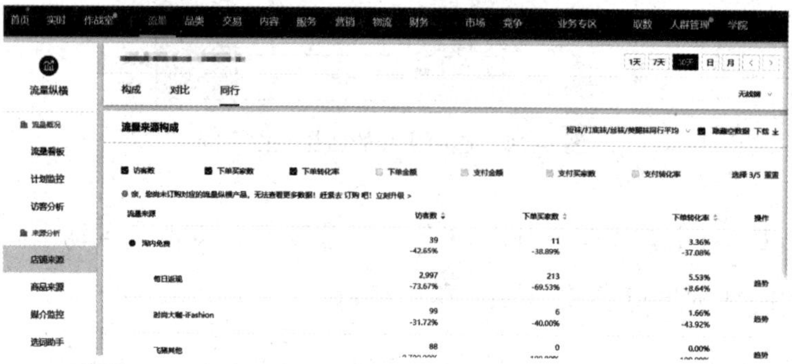

图7–19　同行平均数据示例

步骤5：将整理后的数据制成图表，通过对比图表更直观地反映出问题所在。如图7–20所示是小张为了利用图表观察近1个月不同流量来源渠道占比，直接选中数据范围，点击上方工具栏中“插入”选项卡，点击“图表”，选择饼状图。

图7–20　插入图表示例

如图7–21所示为制作好的饼状图，饼状图一般适合分析占比情况。除此之外，还有能反映变化趋势的折线图，能直观对比数据的柱状图等，可根据需要自由选择。

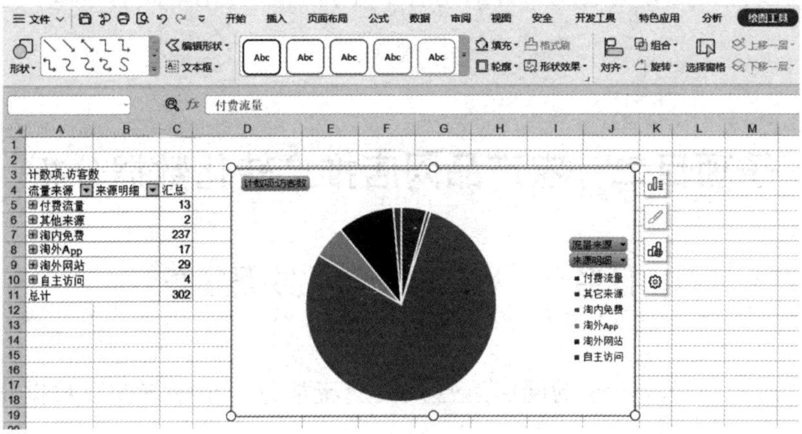

图7–21　饼状图示例

步骤6：对比数据。小张将网店流量来源数据与同行平均流量来源数据对比之后发现，网店淘内免费渠道、自主访问渠道流量数据与行业均值基本持平，付费流量渠道的流量数据低于行业均值，其最主要的差距在于小张所负责的网店并没有利用直通车获取付费流量。

步骤7：优化数据。小张通过数据的对比发现目前网店流量来源方面存在的问题主要是付费流量渠道的利用还不够充分。因此他决定从这部分入手，优化调整网店的流量数据。

步骤7.1：为了提高淘宝客的引流能力，小张除了新增不同佣金比例的定向计划外，还利用多种渠道招募淘宝客，如阿里妈妈社区（www.alimama.com）、嗨推网（www.hitui.com）等，并提供给推广者多种尺寸的素材图片、活动商品表格等方便淘宝客进行推广，与淘宝客达成双方友好合作，为网店引入更多的精准流量。

快速理解

嗨推网：是一家专注于移动互联网流量与变现的互联网公司。

步骤7.2：小张计划在预算允许的情况下尽快开通直通车推广，利用直通车为网店引流。根据直通车报表优化关键词和选款等，为网店引入更多潜在客户。在访客高峰时间段加大直通车推广力度，提高关键词出价，让商品在网店访客高峰时间段得到更好的展现，针对访客TOP排行且转化率高的地域，进行精准投放。

子项目二　农产品网店推广转化数据分析

任务一　网店推广转化数据分类

通过与身边经验丰富的网店运营人员交流学习，小张选择以数据化运营思路来开展日常运营工作，通过数据分析与观察，优化网店推广策略，从而提高店铺成交量，他制定的网店推广数据体系包括转化率、客单价以及DSR评价[①]三项指标，如图7-22所示。

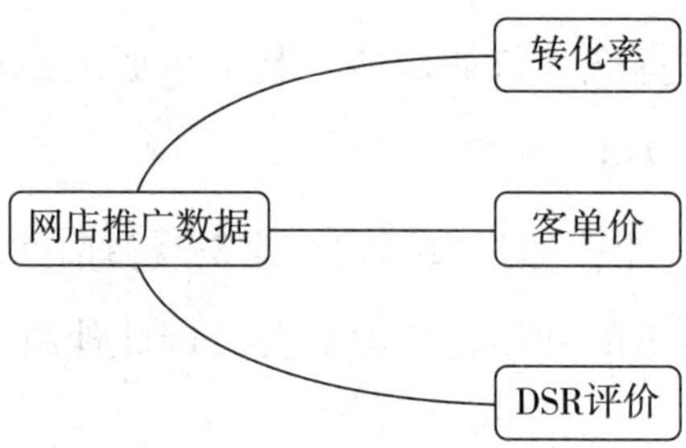

图7-22　网店推广数据体系

一、转化率

转化率就是指所有到达淘宝网店并产生购买行为的人数和所有到达网店的人数的比率，其计算公式：转化率=（产生购买行为的客户人数/所有到达店铺

---

① DSR评价的概念，源自淘宝生意参谋学院指标注释，是卖家服务评级系统（Detail Seller Rating）的简称。

的访客人数）×100%。打开“生意参谋”，点击首页找到“运营视窗”的“转化看板”模块，小张发现关于转化率有访客-收藏转化率、访客-加购转化率、访客-支付转化率三种数据，每种数据下都有对应的数据榜单，如图7-23所示。

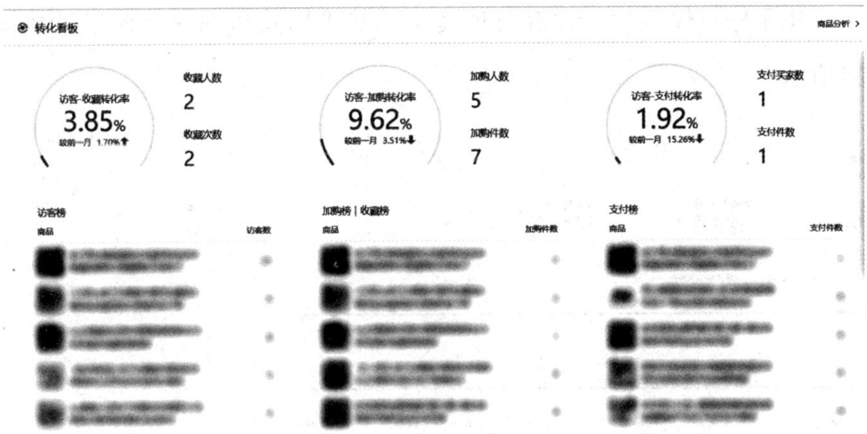

图7-23　转化看板示例

二、客单价

客单价是指统计时间内，网店交易额与所有在网店产生交易人数的比值，其计算公式：客单价=支付金额/支付买家数，即平均每个支付买家的支付金额。小张在“运营视窗”的“客单看板”模块，发现关于客单价的数据有买家构成-客单分布与买家构成-支付件数分布等几种数据，如图7-24所示。

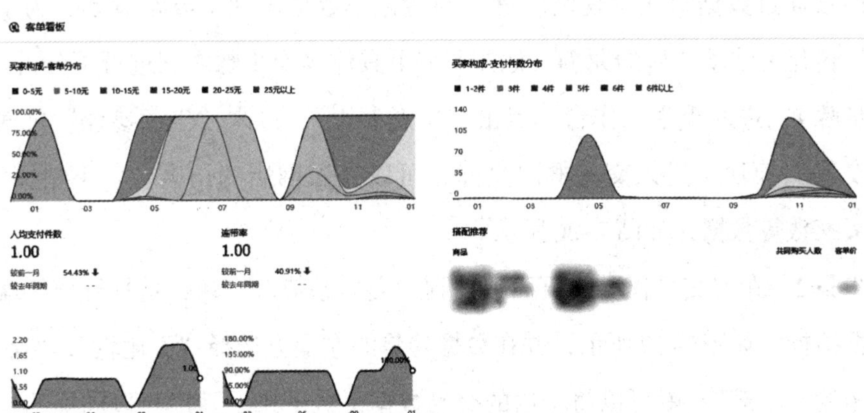

图7-24　客单看板示例

三、DSR评价

DSR评价是网店成交用户对网店的评价展示，其主要包括描述相符评分、卖家服务评分以及物流服务评分三方面。在“运营视窗”的“评价看板”模块下，有DSR评分具体数值、DSR分值变化趋势图以及负面评价榜三种数据，如图7–25所示。

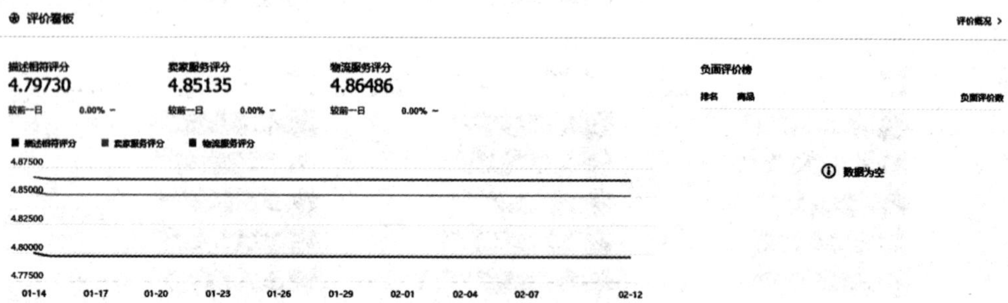

图7–25　评价看板示例

分析一个网店的运营状况时，除了前面提到的转化率、客单价、DSR评价外，还有行业竞争情况、商品因素、营销活动等其他衡量指标。总而言之，衡量一个网店运营状况应该从多个维度立体化地评价，避免单一数据指标的片面化、局部化。

任务二　网店推广转化数据分析

小张通过数据对比发现网店近期的转化率数据出现了异常波动，为了更好地了解转化率波动背后的原因，他按照如下具体操作步骤对其进行了分析。

步骤1：进入千牛工作台，点击“生意参谋”，进入“生意参谋”页面，点击“交易”模块，进入交易概况页面，可以查看网店的访客数、下单买家数、支付买家数等数据，如图7–26所示。

步骤2：在“交易概况”页面下找到“交易趋势”模块，选择统计终端及相关数据指标，如图7–27所示，并在数据趋势的左上方选择“不比较”，然后点击右上角的“下载”，就可以将本店的交易数据下载下来。随后再以同样的方式下载“同行对比”的数据。

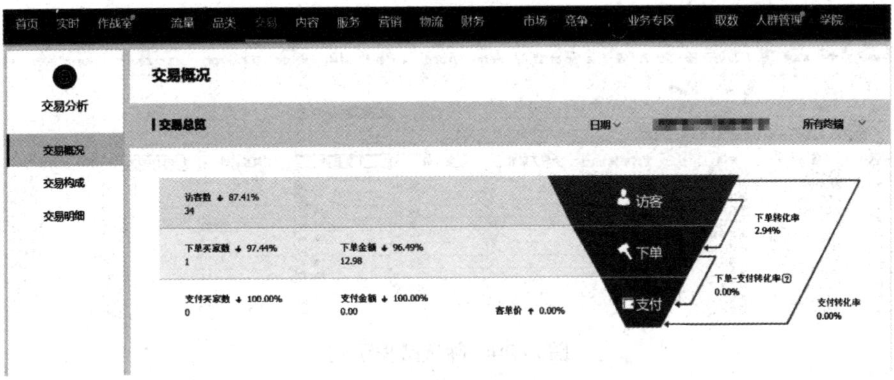

图7-26　交易概况页面截图

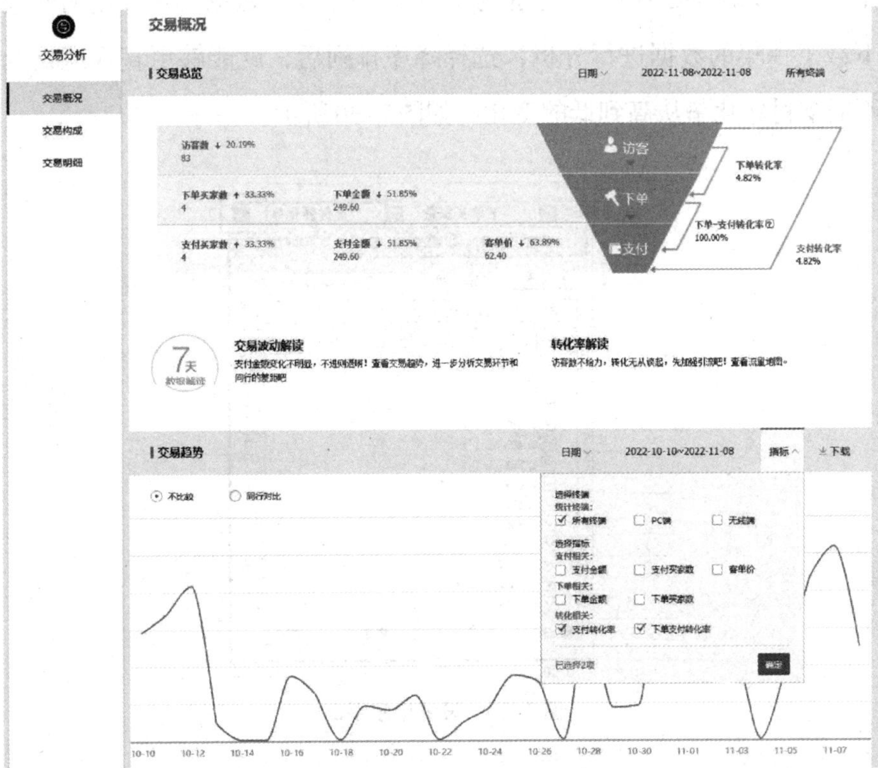

图7-27　设置网店交易趋势数据查询指标示例

步骤3：整理网店交易数据，如同前面分析流量数据一样，利用Excel表格对采集到的信息进行排序、分组以及简单计算。

步骤3.1：排序。打开下载好的交易趋势数据，在Excel表格中，选中需要筛选的字段名，点击表格右上方功能栏中的“筛选”，如图7-28所示。

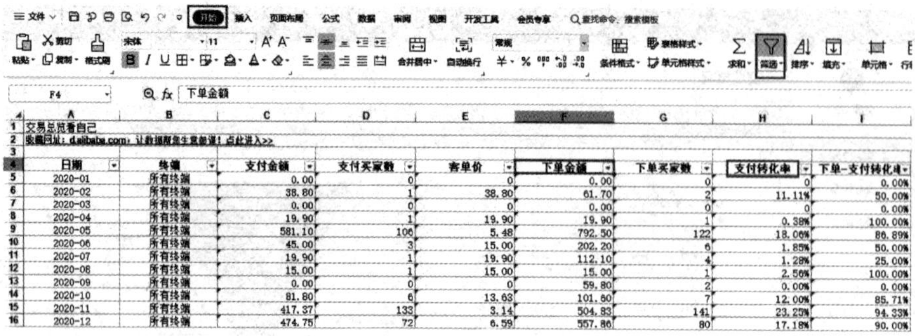

	日期	终端	支付金额	支付买家数	客单价	下单金额	下单买家数	支付转化率	下单-支付转化率
5	2020-01	所有终端	0.00	0	0	0.00	0	0	0.00%
6	2020-02	所有终端	38.80	1	38.80	61.70	2	11.11%	50.00%
7	2020-03	所有终端	0.00	0	0	0.00	0	0	0.00%
8	2020-04	所有终端	19.90	1	19.90	19.90	1	0.38%	100.00%
9	2020-05	所有终端	581.10	106	5.48	792.50	122	18.06%	86.89%
10	2020-06	所有终端	45.00	3	15.00	202.20	6	1.85%	50.00%
11	2020-07	所有终端	19.90	1	19.90	112.10	4	1.28%	25.00%
12	2020-08	所有终端	15.00	1	15.00	15.00	1	2.56%	100.00%
13	2020-09	所有终端	0.00	0	0	59.80	2	0.00%	0.00%
14	2020-10	所有终端	81.80	6	13.63	101.60	7	12.00%	85.71%
15	2020-11	所有终端	417.37	133	3.14	504.83	141	23.25%	94.33%
16	2020-12	所有终端	474.75	72	6.59	557.86	80	17.18%	90.00%

图7-28　筛选数据示例

点击“筛选”后，在需要筛选的字段名右侧出现下拉箭头，点击箭头，设置排序方式，如图7-29所示。小张考虑到3～6个月的数据不足以说明问题，于是他下载了一年的数据进行分析，选择降序排列后，就能够更直观地查看在一年内不同支付转化率从高到低的变化，如图7-30所示。

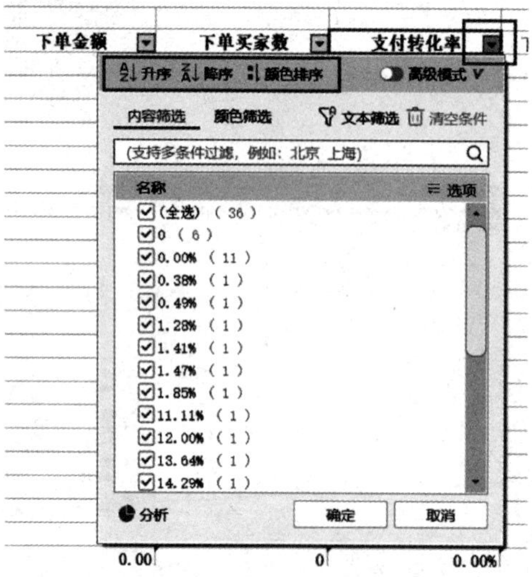

图7-29　设置排序示例

日期	终端	支付金额	支付买家数	客单价	下单金额	下单买家数	支付转化率	下单-支付转化率
2020-11	无线端	417.37	133	3.14	495.95	140	24.86%	95.00%
2020-11	所有终端	417.37	133	3.14	504.83	141	23.25%	94.33%
2020-05	无线端	577.20	105	5.50	747.00	120	20.15%	87.50%
2020-08	无线端	15.00	1	15.00	15.00	1	2.70%	100.00%
2020-08	所有终端	15.00	1	15.00	15.00	1	2.56%	100.00%
2020-06	无线端	45.00	3	15.00	45.00	3	2.04%	100.00%
2020-05	所有终端	581.10	106	5.48	792.50	122	18.06%	86.89%
2020-12	无线端	474.75	72	6.59	541.88	79	17.91%	91.14%
2020-12	所有终端	474.75	72	6.59	557.86	80	17.18%	90.00%
2020-02	无线端	38.80	1	38.80	61.70	2	14.29%	50.00%
2020-10	无线端	81.80	6	13.63	101.60	7	13.64%	85.71%
2020-10	所有终端	81.80	6	13.63	101.60	7	12.00%	85.71%
2020-02	所有终端	38.80	1	38.80	61.70	2	11.11%	50.00%
2020-06	所有终端	45.00	3	15.00	202.20	6	1.85%	50.00%
2020-05	PC端	3.90	1	3.90	45.50	2	1.47%	50.00%
2020-07	无线端	19.90	1	19.90	19.90	1	1.41%	100.00%

图7-30　降序排列数据结果示例

步骤3.2：分组。降序排列后的数据，分类相对比较乱，如图7–31所示。为了更加清晰地查看这一年每个月的支付转化率走向，小张决定使用数据透视表对交易数据进行分组，具体操作如下。

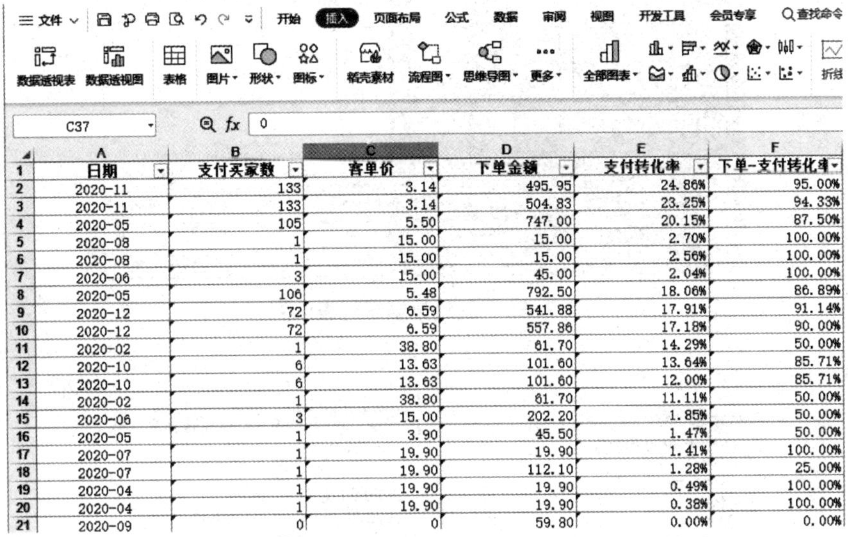

	A	B	C	D	E	F
1	日期	支付买家数	客单价	下单金额	支付转化率	下单-支付转化率
2	2020-11	133	3.14	495.95	24.86%	95.00%
3	2020-11	133	3.14	504.83	23.25%	94.33%
4	2020-05	105	5.50	747.00	20.15%	87.50%
5	2020-08	1	15.00	15.00	2.70%	100.00%
6	2020-08	1	15.00	15.00	2.56%	100.00%
7	2020-06	3	15.00	45.00	2.04%	100.00%
8	2020-05	106	5.48	792.50	18.06%	86.89%
9	2020-12	72	6.59	541.88	17.91%	91.14%
10	2020-12	72	6.59	557.86	17.18%	90.00%
11	2020-02	1	38.80	61.70	14.29%	50.00%
12	2020-10	6	13.63	101.60	13.64%	85.71%
13	2020-10	6	13.63	101.60	12.00%	85.71%
14	2020-02	1	38.80	61.70	11.11%	50.00%
15	2020-06	3	15.00	202.20	1.85%	50.00%
16	2020-05	1	3.90	45.50	1.47%	50.00%
17	2020-07	1	19.90	19.90	1.41%	100.00%
18	2020-07	1	19.90	112.10	1.28%	25.00%
19	2020-04	1	19.90	19.90	0.49%	100.00%
20	2020-04	1	19.90	19.90	0.38%	100.00%
21	2020-09	0	0	59.80	0.00%	0.00%

图7–31　网店交易数据统计表示例

步骤3.2.1：使用快捷键“Ctrl+A”选中整个工作表，或通过鼠标选中数据范围，点击Excel上方工具栏中的“插入”选项卡，接着点击“数据透视表”，如图7–32所示。

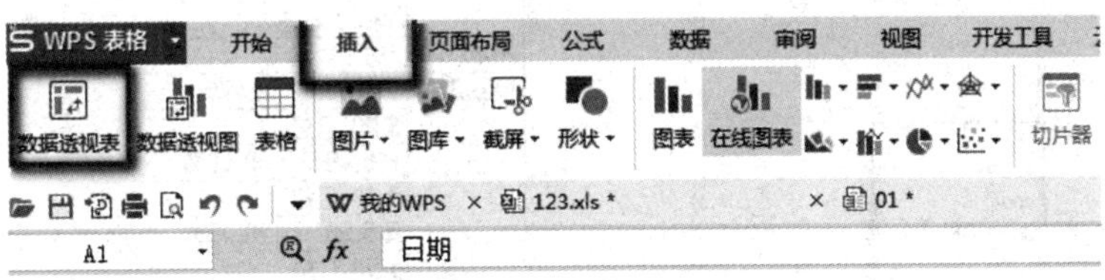

图7–32　插入数据透视表示例

步骤3.2.2：点击后出现“创建数据透视表”窗口，选择放置数据透视表的位置为新工作表或现有的工作表均可，小张选择的是放置到新工作表，如图7–33所示。

步骤3.2.3：点击“确定”后，在新的工作表中设置好字段，如图7–34所示，然后就会出现如图7–35所示的数据分组结果表格。

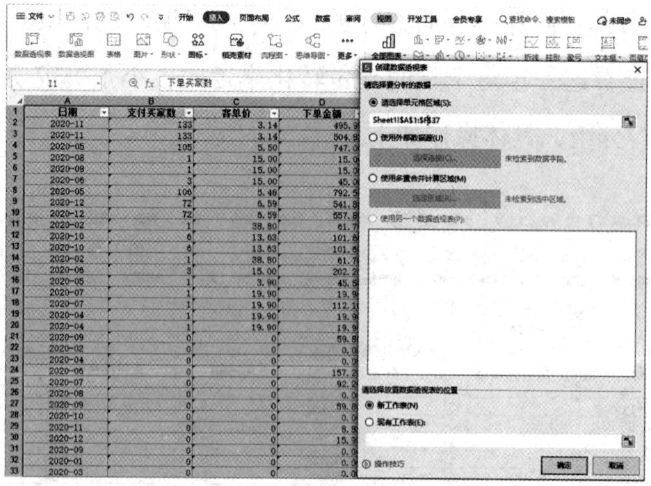

图7-33　创建数据透视表示例

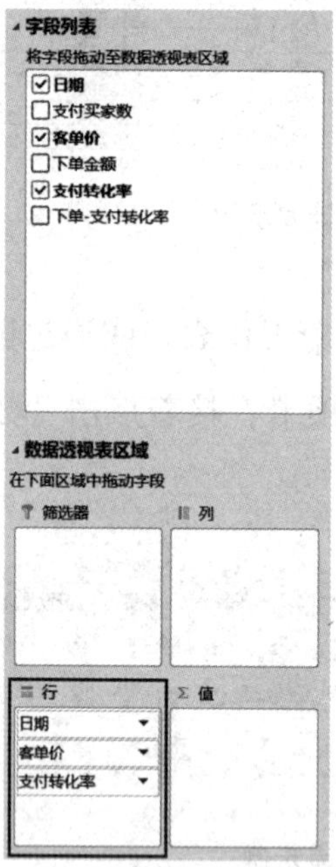

图7-34　设置字段示例

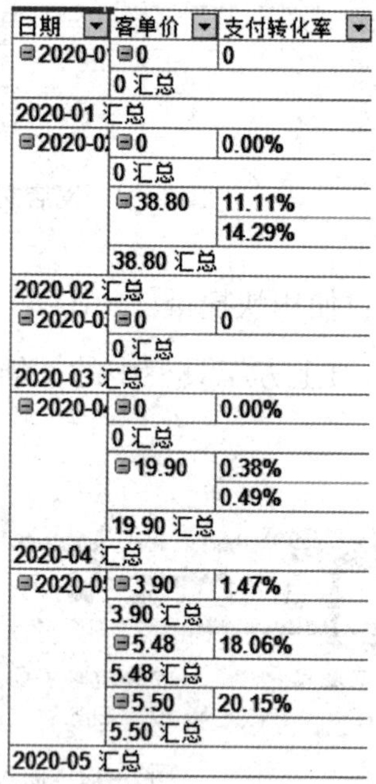

图7-35　显示数据分组结果示例

步骤3.3：简单计算。由于已经到年底了，小张想要统计出近一年的成交总额，可直接按住鼠标左键不放，选中需要求和的数据范围，在选中的数据范围左侧出现一个“！”图标，点击这个图标，将导出的数据表格中的文本类型的数字转换为数字类型，如图7-36所示。

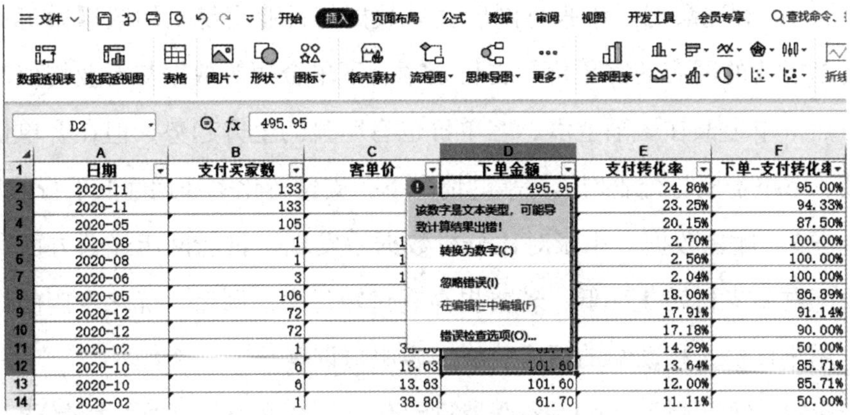

图7-36　转换数字类型示例

再点击Excel上方工具栏中的“公式”选项卡，点击“自动求和”，自动对选择范围内的数据进行求和，如图7-37所示。

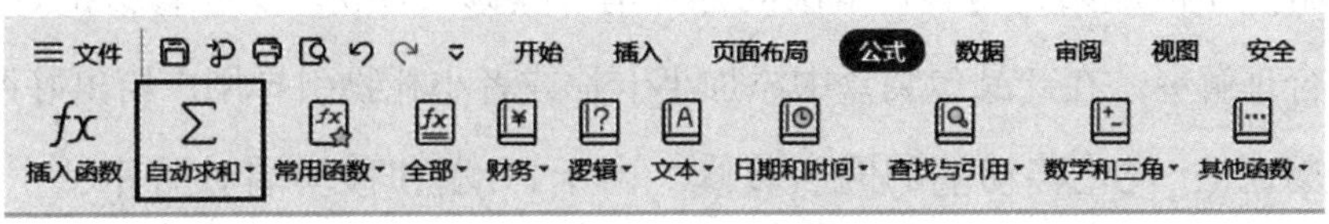

图7-37　点击“自动求和”

求和后，在选中的数值最下方会出现求和结果，如图7-38所示。

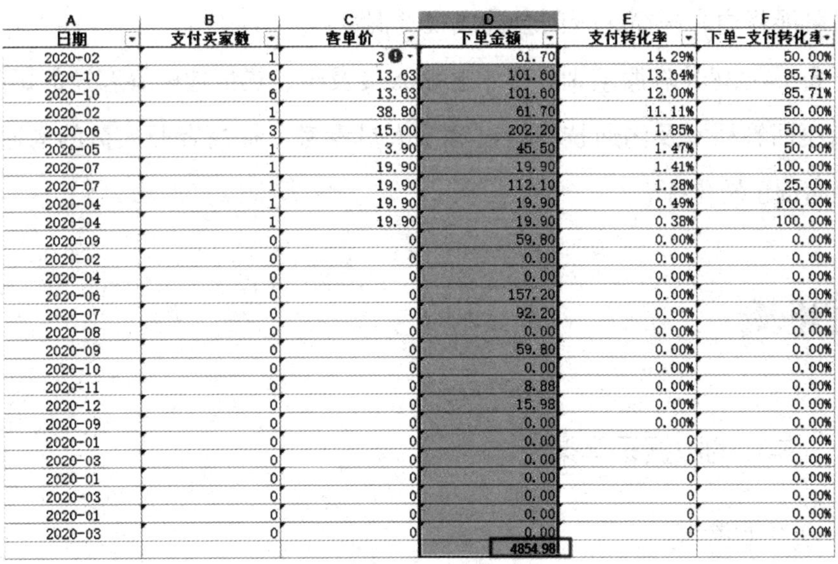

图7-38　求和结果示例

步骤4：对比数据。小张将网店交易数据与行业交易平均数据做对比后发现，自己运营的网店的客单价、支付金额、下单金额等数据与行业均值基本持平，虽然下单金额在逐渐上涨，客单价也有明显的上升趋势，但在客单价、支付金额、下单金额与行业均值持平的情况下，支付转化率却远远低于行业均值。

步骤5：优化数据。小张对比分析数据后发现，目前网店经营方面存在的最主要问题是支付转化率低，若要提高支付转化率，则需要优化网店的详情页设计、用户评价、移动端的网店装修、客服培训等。

步骤5.1：优化详情页设计。小张带领团队，对竞品的详情页做了大量分析，发现当前用户更青睐场景化的产品介绍，他对设计团队提出了从用户体验、用户需求等方面重新构建详情页，将用户最关心的问题及产品的优势以创意思维的形式呈现出来。

步骤5.2：优化用户评价。针对用户评价中的中差评，须及时联系收到货的客户，了解其中的原因，为客户解决问题并请求其修改评价，无法修改的评价要及时作出合理解释。在产品包装盒中添加小卡片或者小礼物引导用户给出好评。

步骤5.3：优化移动端的网店装修。由于PC端和移动端对图片尺寸要求不同，在设计手淘网店装修页面时，不宜把PC端的内容照搬到移动端，否则会出现PC端的内容在移动端展示比例不协调，展示的内容显示不清等问题。同时由于移动端界面展示区域有限，在设计装修内容时，必须展示出最核心的点，尽可能将内容精简，否则会造成视觉混乱。

步骤5.4：优化客服培训。要求客服人员及时、热情地解答客户的疑问。总结出专业回答话术及沟通技巧，供客服人员参考，提高客服人员的沟通效率，从而提高询单转化率。

知识拓展

一、常见的数据采集渠道

（一）生意参谋

生意参谋（网址：https：//sycm.taobao.com）是阿里巴巴推出的商家统一数

据平台，主要面向商家提供一站式、个性化、可定制的数据服务。为天猫/淘宝卖家提供流量、商品、交易等网店经营全链路的数据展示、分析、解读、预测等功能。

生意参谋集数据作战室、市场行情、装修分析、来源分析、竞争情报等数据产品于一体，是大数据时代下赋能商家的重要平台。

（二）百度指数

百度指数（网址：https：//index.baidu.com）是以百度海量网民行为数据为基础的数据分析平台，是当前互联网乃至整个数据时代较为重要的统计分析平台之一。百度指数不仅能够告诉商家某个关键词在百度的搜索规模、一段时间内的涨跌态势以及相关的新闻舆论变化，同时还可以分析关注这些关键词的网民特征，帮助商家优化营销活动方案。

（三）癞蛤蟆工具箱

癞蛤蟆工具箱是一款电商工具箱软件，集运营、管理、实战于一体，支持淘宝、京东、拼多多三大电商平台，具有市场分析、宝贝复制、卖家查询助手等功能，为想打造爆款的卖家提供最新玩法。

二、网店常见的数据分析类型

网店数据分析指标很多，根据不同的指标可以分析不同的问题，得出需要的结论。从运营方向来看，大体有以下几类：

1. 网店业绩

①行业大盘增长率情况。

②同比增长情况。

③环比增长情况。

2. 店铺核心数据指标

转化率、客单价、销售额、DSR（卖家服务评级系统）、PV（页面浏览量）、UV（独立访客）、加购、收藏情况等。

3. 店铺流量结构

①整体流量分布结构。

②免费/付费比例。

③推广费用统计。

4.活动分析

①全年活动次数/活动盈亏情况分布（以时间为轴）。

②活动折扣力度及活动流量产出贡献值。

③活动报名失败率及失败原因分析总结。

5.客服分析

①询盘数、询盘率、询单转化率。

②客服催付成功率。

③响应速度。

6.库存状况分析

①库存总量、库存金额。

②库存分布品类结构。

③滞销产品占比。

④少量库存的SKU（库存量单位），库存过少需要库存预警提醒。

7.其他数据

①退款率情况及退款问题分析。

②产品中差评问题总结，找出问题共性作出调整。

课程思政

为充分发挥大数据在农业农村发展中的重要功能和巨大潜力，有力支撑和服务农业现代化，按照国务院《促进大数据发展行动纲要》精神，原农业部2015年印发了《关于推进农业农村大数据发展的实施意见》，全面部署农业农村大数据发展工作。

《意见》强调，要按照“着眼长远、突出重点、加快建设、整合共享”要求，坚持问题和需求导向，坚持创新驱动，加快数据整合共享和有序开放，充分发挥大数据的预测功能，深化大数据在农业生产、经营、管理和服务等方面的创新应用，为政府部门管理决策和各类市场主体生产经营活动提供更加完善的数据服务，为实现农业现代化取得明显进展的目标提供有力支撑。

我国农业农村数据历史长、数量大、类型多，随着信息化和农业现代化同步推进，农业农村大数据与农业产业全面深度融合，正成为现代农业新型资源要素。与此同时，农业农村数据长期存在底数不清、核心数据缺失、数据质量不高、共享开放不足、开发利用不够等问题，亟待解决。《意见》指出，要坚持“问题导向、应用驱动，创新机制、整合资源，先易后难、逐步推进，上下联动、社会众筹”原则，立足我国国情和现实需要，利用5～10年时间，努力实现农业数据的有序共享开放，初步完成农业数据化改造。

《意见》明确了农业农村大数据发展和应用的五大基础性工作和十一个重点领域，即夯实国家农业数据中心建设、推进数据共享开放、发挥各类数据的功能、完善农业数据标准体系、加强数据安全管理等五大基础；突出支撑农业生产智能化、实施农业资源环境精准监测、开展农业自然灾害预测预报、强化动物疫病和植物病虫害监测预警、实现农产品质量安全全程追溯、实现农作物种业全产业链信息查询可追溯、强化农产品产销信息监测预警数据支持、服务农业经营体制机制创新、推进农业科技创新数据资源共享、满足农户生产经营的个性化需求、促进农业管理高效透明等11个重点领域。

为确保农业农村大数据发展扎实推进、取得实效，《意见》对实施进度作出安排，同时要求各级农业部门切实落实责任、推进完善基础设施、创新投入和发展机制、提升科技支撑能力、健全规章制度，形成覆盖全面、业务协同、上下互通、众筹共享的农业农村大数据发展格局。

资料来源：央广网，www.cnr.cn。

项目八　综合案例分析

教学设计·项目八

电子商务的发展以及各种社交平台的出现，使得农产品的销售渠道呈现多样化的特征。众多商家纷纷通过微博、微信公众号、短视频、直播等平台进行农产品的销售和推广，以求用相对较低的成本获得最大的经济效益。本项目将通过微博活动营销案例分析、微信公众号软文营销案例分析、社群转发营销案例分析，讲解在不同电商平台农产品营销推广的特点、优劣势，帮助读者掌握农产品营销和推广的相关知识和技巧。

本项目包含三个子项目，共计九个学习任务。

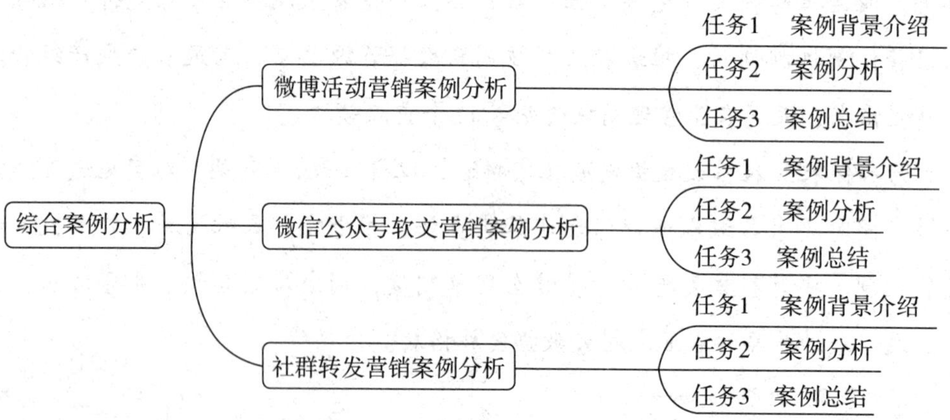

学习目标

教学课件·项目八

❖ 知识目标

1. 了解不同电商平台农产品营销推广的特点。

2. 认识不同电商平台农产品营销推广的优劣势。

❖ 能力目标

掌握不同农产品电商营销的技巧。

❖ 思政目标

培养现代农产品营销理念。

项目导入

吴昊是一名电子商务专业的毕业生，毕业后就职于一家主营农产品的电子商务公司，他的主要工作是通过微博活动、微信公众号软文以及社群转发等方式进行农产品的营销和推广。虽然吴昊对农产品电商推广有一定的理论知识，但是缺少具体实操经验，于是，领导让他先学习公司之前做的几个成功案例，了解不同电商平台农产品营销推广的特点、优劣势等知识及技巧，并分别利用各平台展开农产品的营销与推广。

子项目一　微博活动营销案例分析

任务一　案例背景介绍

2014年，天猫平台的“褚橙水果旗舰店”成立，后更名为“褚氏新选水果旗舰店”，如图8-1所示。该店铺凭借其优质的产品、精准的市场定位和独特的微博营销推广，在众多经营农产品的网店中脱颖而出。“褚氏新选水果旗舰店”的成功除了店铺的日常运营外，主要还得益于店铺在微博平台的营销推广。为此，吴昊打算从褚橙的微博营销活动策划、微博推广技巧来分析“褚氏新选水果旗舰店”的成功之路，供自己参考和学习。

图8-1　“褚氏新选水果旗舰店”首页截图

任务二　案例分析

一、产品介绍

吴昊通过百度搜索发现，褚橙是由褚时健栽培于云南的一种冰糖橙，形状为圆形至长圆形，颜色为橙黄色，以味甜皮薄著称，甜中微微泛着酸，像极了人生的味道。由于它是由红塔集团原董事长褚时健种植而得名，结合褚时健不同寻常的人生经历，因此也叫“励志橙”，副线品牌为云冠橙。为了将优质的褚橙让更多的人熟知并食用，褚橙团队选择在“粉丝”活跃度高的微博平台上进行推广。

二、市场定位

褚时健的人生经历被写成了褚橙的宣传文案，将他的故事与褚橙的问世结合在一起，在微博上引发了一系列的名人效应。在这个过程中，褚老种植褚橙的经历更是让人敬佩，“匠人精神”就此体现，褚橙也成了名副其实的“励志橙”。

那句“人生总有起落，精神终可传承”，极具励志色彩，深深俘获了很多年轻人的心。因此，褚橙的定位人群是为生活正在拼搏、努力的人。正是因为这一特殊定位，很多公司职员、企业白领以及正在创业的人统统将目光投向了“励志橙”，使得褚橙一上市就受到用户的欢迎。

三、内容策划

褚橙团队关于微博营销活动内容的策划按照以下步骤展开：

步骤1：明确活动目的。

微博活动形式有很多，主要为达到以下三种目的：拉新类活动是为账号吸引更多的“粉丝”关注；促销类活动是推动更多人转发促销信息；征集类活动是让更多人参与活动。褚橙官方微博本次活动的目的是通过开展褚橙庄园游学活动，让青年学子树立拼搏的决心，感受到农业的未来不是只有“苦”，而是“苦尽甘来”，从而很好地体现出“励志橙”的意义以及市场定位，为后期褚橙的营销聚集“粉丝”和人气，如图8–2所示。

图8-2　褚橙微博活动头条文章示例

步骤2：选定营销主题。

要进行营销活动内容的策划，首先要选定一个富有吸引力的营销主题，围绕主题策划相应的营销活动。褚橙团队借助微博平台，将本次营销活动的主题确定为“年味理想清单”，让“粉丝”提前了解新出的“希望橙”以及云冠橙的三种规格的新年礼盒，以吸引“粉丝”对产品的持续关注，如图8-3所示。

图8-3　褚橙微博营销活动主题示例

步骤3：策划营销内容。

营销活动内容的策划是整个营销活动的核心，营销内容是否新颖独特、是否能够吸引用户的关注并促使用户购买，关系着整个营销活动的成败，同时，进行营销活动策划还应紧扣活动主题，围绕所选定的主题进行展开。如图8–4所示的营销活动，内容策划的亮点在于充分利用褚橙上市前的空档时间，邀请褚橙的合作伙伴以及各大媒体参加褚氏农业产品说明会，通过微博向“粉丝”讲述褚橙当年的生长情况以及与上年同期相比的优势，对当年的产品进行预售宣传。

图8–4　褚橙营销活动微博头条文章示例

四、营销推广实施

营销内容策划完成之后，褚橙团队关于天猫“褚氏新选水果旗舰店”营销推广按照以下三个步骤实施。

步骤1：确定推广时间。

褚橙作为季节性较强的时令水果，选择合适的推广时间，能够最大限度地提升营销推广信息的到达率，确保褚橙在上市之前已经被广大用户熟知。

天猫“褚氏新选水果旗舰店”选择在褚橙采摘前一到两周的时间在微博平台进行宣传，如图8–5所示。根据微博覆盖面广、传播速度快的特点，将褚橙的采摘信息传递至用户，尽可能地让用户记住并进行预购。

图8-5　褚橙采摘宣传示例

步骤2：选择推广方式。

营销推广方式的选择是否合理，直接关系到营销推广的效果。褚橙官方微博发起有奖活动，如图8-6所示。充分利用微博较强的即时性和互动性的特点，使商家与用户及时互动，当用户对该话题感兴趣，可以对这些信息进行即时评论或者转发、点赞，从而有机会获得新上市的褚橙作为奖品。这种方式有效地刺激了用户的参与积极性，充分调动了每一位“粉丝”和用户的力量，使商家和用户在短时间内形成了有效的互动和传播。

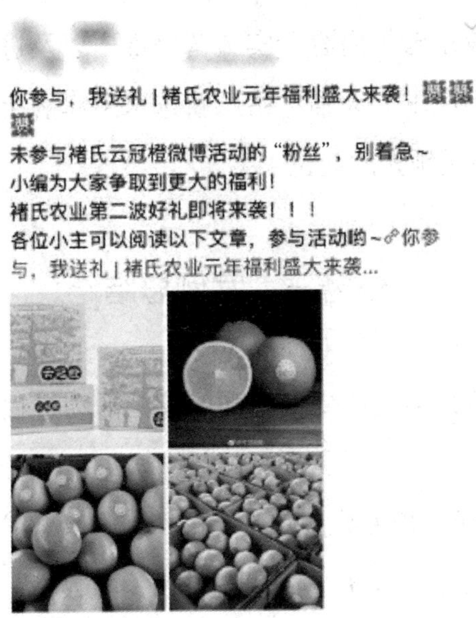

图8-6　褚橙有奖活动示例

步骤3：微博推广后期维护。

前期的宣传推广工作完成之后，还要对产品信息及营销推广内容进行定期或者不定期的维护，建立起用户对产品的信任，为用户的再次购买做好铺垫。褚橙团队选择在进行产品营销推广的同时，对微博平台的推广信息进行及时维护，通过收集用户反馈，如图8-7所示，与用户保持良好且有效的沟通，建立起用户对店铺以及产品的信任，进一步提高店铺产品的销量。

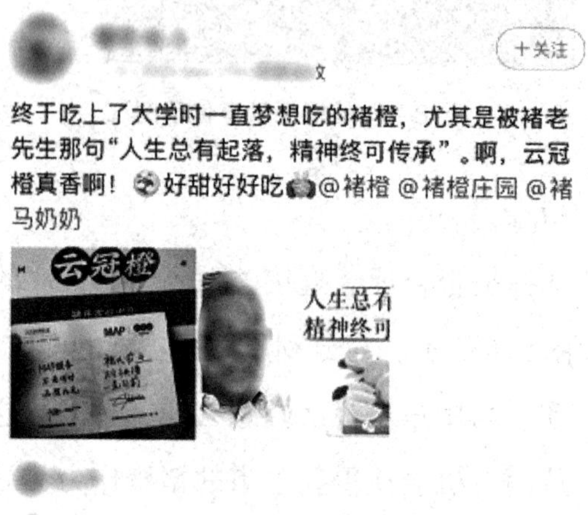

图8-7　用户反馈示例

综上所述，褚橙团队选择利用微博平台对天猫“褚氏新选水果旗舰店”进行营销推广，并精心策划营销内容、实施营销推广以及进行后期维护等，最终使得褚橙一上市就供不应求，天猫“褚氏新选水果旗舰店”的人气和销量与同类型店铺相比也处于遥遥领先的地位。

任务三　案例总结

案例分析完成之后，吴昊还要根据微博营销活动过程，对案例进行总结和复盘，具体步骤如下。

步骤1：收集整理活动相关数据。

在活动结束2～5天后，收集与活动效果相关的数据，进行预期效果与执行效果的对比分析，如预热微博的整体阅读量、“粉丝”增长量，与预期效果相比的达成情况，发布活动期间“粉丝”增长变化等。

步骤2：分析微博活动期间统计的数据。

总结分析微博活动期间统计出来的各项数据，如表8-1所示。通过数据对比，了解整个活动期间微博活跃度与“粉丝”参与情况的关系，挖掘出“粉丝”的潜在需求，为下一次活动更有效地开展提供数据支撑。

表8-1　综合对比分析活动统计数据

数据项目	活动前数据	活动后数据	数据对比
粉丝数			
阅读数			
转评赞数			

步骤3：活动总结优化。

以复盘的形式总结出活动中存在的问题以及解决办法，比如预热期“粉丝”的关注度低，则可以考虑优化后续活动预热期微博的宣传力度和“粉丝”参与活动的方式；如果活动发布期粉丝参与度低，则需要具体分析是不是因为发布期的产品福利不够所致。根据分析出的问题及解决办法，进一步优化整个活动的流程，为下一次活动的高效运行提供参考。

子项目二　微信公众号软文营销案例分析

任务一　案例背景介绍

武鸣沃柑，属于广西南宁市武鸣区的特产，是南宁市第七件国家地理标志证明商标，以武鸣独特的地理环境和自然环境而得名。“中国沃柑看广西，广西沃柑看武鸣”，广西是全国“富硒之乡”，富硒土壤达2018万亩，武鸣则是广西最大的富硒宝地，也是沃柑的核心产区，全南宁市沃柑种植面积超50万亩。武鸣沃柑外观美、口感好，且少渣、多汁、蜜甜，被誉为“柑橘皇后”。

武鸣沃柑富含多种营养成分，如维生素C、果糖、维生素B、维生素A以及其他营养物质，同时，它还有理气健胃、促进食欲等多种功效，深受人们喜爱。武鸣沃柑上市期在每年的1～4月，其间正好是水果上市的“空档期”，因此具有良好的市场前景。为了赢得更多客户的青睐，武鸣沃柑决定通过微信公众平台进行软文营销。

任务二　案例分析

武鸣沃柑微信公众号软文营销主要从以下几方面展开：

一、内容策划

步骤1：确定受众人群。

武鸣沃柑微信公众号将其功能定位为产品营销类公众号，所发内容多为产品图文，以提高产品销量为宗旨。很显然，微信公众号软文内容的受众为喜爱武鸣沃柑的消费群体。

步骤2：确定选题方向。

确定选题方向前，我们需要先了解微信选题常见的三种方向：常规选题、热点选题、系列专题，然后根据这三种选题的特点以及产品特性来确定选题方向。比如在对武鸣沃柑进行营销推广时，这里选择了热点选题，抓住时令性水果这一特点进行大力促销和宣传。在进行这步操作时，需要结合以下两项，确定最终的选题。

1.话题

话题要突出可操作性、时效性、话题性、传播性等特点。因此，选题要尽量选正在发生的、将要发生的以及发生不久的事件，并且在受众群体中具有一定的话题性和传播性。

2.主体

选题的主体要凸显出其相关性和价值观。选题也要与公众号定位相一致，符合公众号所要树立的价值理念。

结合以上两项，武鸣沃柑决定通过微信公众号向目标消费者传递沃柑种植的条件、生长环境、采摘过程、价格、促销活动等信息。

至此，通过以上步骤，武鸣沃柑完成了微信公众号软文内容的策划，下面将进行具体的营销推广实施操作。

二、营销推广实施

微信内容策划完成之后，武鸣沃柑按照以下六个步骤，实施微信公众号软文营销推广。

步骤1：明确产品定位。

结合实际产品，挖掘出产品的特色与卖点。武鸣沃柑高糖低酸、口感纯正、果肉细嫩化渣、汁多味甜、颗粒饱满，一口咬下去，汁水在舌尖迸发，口中尽是沃柑蜜味，一尝就能征服消费者的味蕾，如图8–8所示。

图8–8　武鸣沃柑特色展示示例

步骤2：了解用户群体。

针对特定的产品，需要分析用户行为，清晰用户画像及其特点。利用百度指数对关键词“沃柑”进行用户群定位时，会发现其年龄分布主要集中在20～29岁，如图8–9所示；性别分布女性比例高于男性，如图8–10所示。[①]因此在实施软文营销时，要重点针对这部分人群展开。

① 数据来源于百度指数。

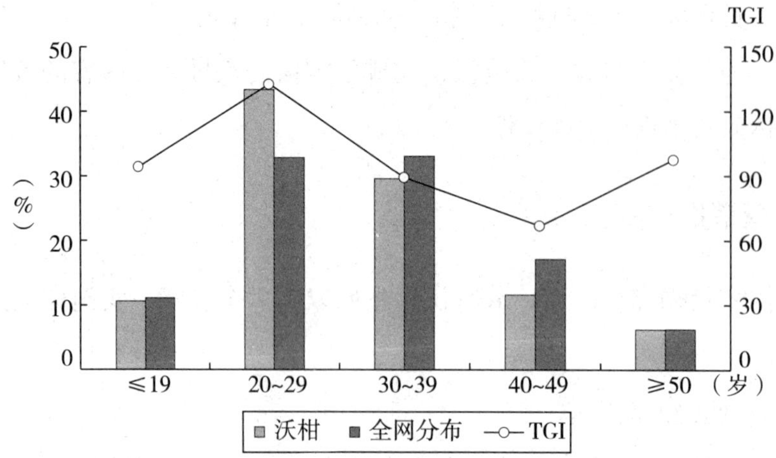

图 8-9　用户群年龄分布示例

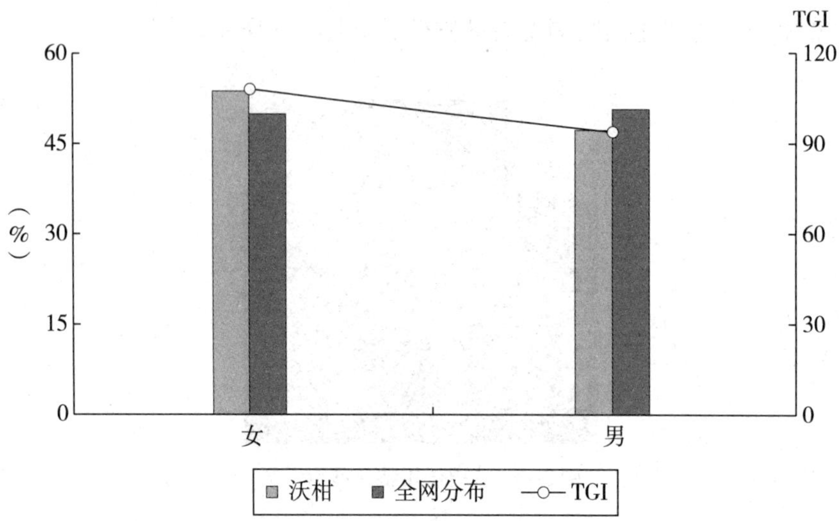

图 8-10　用户群性别分布示例

步骤3：确定内容呈现形式。

微信公众号的内容呈现形式包括图文消息、文字消息、视频消息和音频消息等。其中，图文消息和视频消息是被广泛采用的两种形式。根据武鸣沃柑软文营销的需要，可选择图文消息的形式进行内容编辑。

步骤4：确定内容类型。

微信公众号软文常见的内容类型有四种：经验型内容、功效型内容、体验型内容以及新闻型内容，如图 8-11 所示。其中，功效型内容主要提供产品介绍、产品使用方法等，而武鸣沃柑软文营销也是为了进行产品的介绍和推广，因此，公众号软文的内容类型就可以定位为功效型内容。

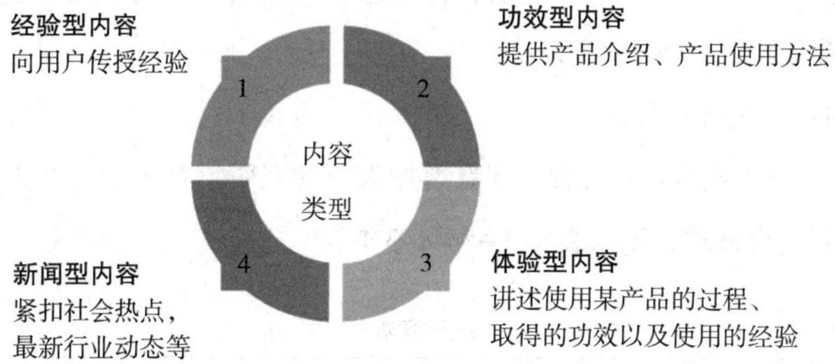

图8-11　微信公众号软文常见的内容类型

步骤5：确定内容风格。

内容风格，即内容的整体呈现效果，比如幽默、严肃、抒情等风格。软文内容是武鸣沃柑的产品介绍和营销推广，可以采用陈稳、朴素的内容风格。

步骤6：编辑标题和内容。

在进行标题编辑时，需注意的是标题要具有吸引力，能够激发用户点击阅读的欲望。如某营销武鸣沃柑的微信公众号软文营销的标题为："好剥皮又甜香爆汁？尝尝来自中国水果大省广西的武鸣沃柑！"以此来刺激用户的点击和购买欲望，如图8-12所示。

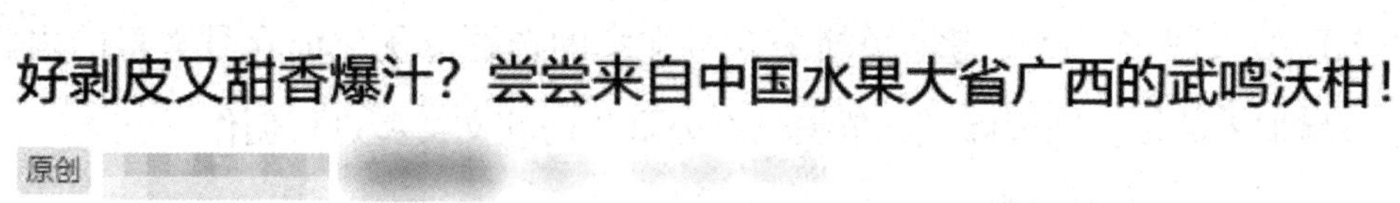

图8-12　微信公众号软文营销标题示例

在进行内容编辑时，除了进行图文描述外，还可以插入视频、购买链接等内容，以方便用户更详细地了解产品细节并进行购买。

至此，武鸣沃柑微信公众号软文的内容策划和营销推广实施已经完成，接下来根据要求完成公众号软文的发布即可。

任务三　案例总结

微信公众号软文发布成功之后，并不意味着营销推广的结束，还要进行具体的总结和优化，具体步骤如下。

步骤1：收集用户数据。

查看软文的阅读增加人数、在看增加人数和点赞增加人数等数据，并将收集到的数据进行整理，填入表8-2和表8-3中。

表8-2　用户数据1

阅读增加人数	点赞增加人数	在看增加人数	分享收藏增加人数	关注增加人数

表8-3　用户数据2

不同路径增加“粉丝”数量	
公众号搜索增加人数	
扫描二维码增加人数	
图文右上角增加人数	
图文页内公众号名称增加人数	

表格填写完成后，可以直观地看到用户数据情况。增加人数与所发内容优质与否有很大关系，微信软文内容优质，则关注人数增多。如果增加人数少，或者取关人数多，则要考虑更换公众号文章的选题、优化公众号文章的内容；如果增加人数多，则可以继续依据已有公众号的软文类型进行创作。

步骤2：收集软文数据。

软文数据能够直观反映这篇软文在受众群体中的受欢迎程度，帮助营销团队挖掘用户的潜在需求，可将收集到的数据填入表8-4中。

表8-4　软文数据统计

软文送达人数	软文阅读人数	软文分享人数

步骤3：对数据进行不同维度的分析。

收集数据的目的是对数据进行分析，从而得出结论。比如分析公众号软文打开的路径，可以了解用户的使用习惯；分析本周用户增长量与软文发布量，可以了解公众号用户增长的动因；分析软文阅读数据，可以了解软文的转化率情况等。

步骤4：分析总结。

通过数据监控，分析总结公众号运营策划的内容受众情况，了解此次内容营销是否成功，是否具有可借鉴性，还有哪些创意能够推动用户转化等。根据分析得出的结论寻求解决办法，进一步优化软文内容，为接下来的软文创作以及产品的营销推广提供参考。

子项目三　社群转发营销案例分析

任务一　案例背景介绍

洛川苹果作为中国陕西省延安市洛川县的特产，是国家地理标志证明商标，入选中国农业品牌目录。洛川县地理环境特殊，其土壤疏松，且有机物质含量丰富，土地十分肥沃，利于深度扎根和养分的吸收，这造就了洛川苹果富含营养物质的特点。另外，当地雨热同期，也有利于果实的膨大，保证了洛川苹果饱满多汁的品质。

洛川苹果在9～10月初成熟，采摘方式主要是以人工采摘为主，10月中旬基本上就是洛川苹果的上市时间了。在上市前期，需要进行推广宣传和活动预热，以求在洛川苹果上市时一举取得好的销售业绩。考虑到苹果为时令性水果，活动周期短，并且要求活动信息全面、快速、及时地送达消费者，洛川苹果营销的负责人选择被用户广泛接受并应用的微信社群作为宣传和推广渠道。

任务二　案例分析

要利用微信社群转发开展洛川苹果的营销，除了构建专门用于洛川苹果销售和推广的社群外，重要的是要策划出吸引群成员的微信活动，引导用户下单购买产品，接下来为大家进行具体讲解。

一、明确社群定位

社群定位是构建一个好社群的先决条件之一，社群能一直活跃下去的方式就是定位和话题。构建社群前需要定位好社群的目的、主体以及活动流程等。洛川苹果营销团队把关于洛川苹果的交流、分享、互动为主的话题分享到社群，大家共同讨论，以提高社群的活跃度，发展出一群对该话题感兴趣或与之相关的成员，并在此基础上构建了“洛川苹果实验群”，开展洛川苹果社群推广，如图8–13所示。

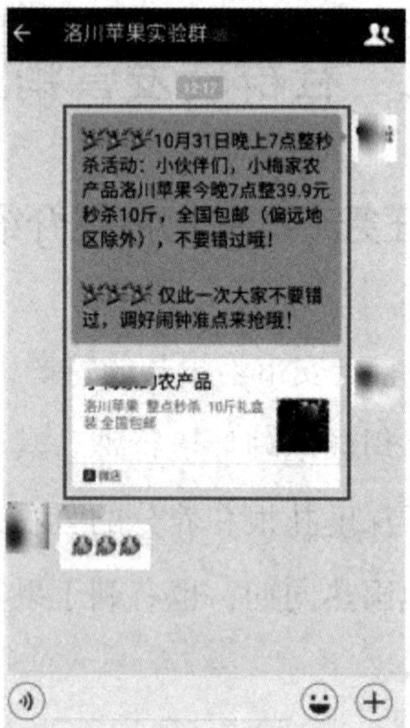

图8–13　洛川苹果微信群示例

二、明确社群结构

社群结构主要包括成员和制度两方面。

社群管理者号召有共同需求和爱好的人形成社群最初的一批成员，并以此为基础不断扩大社群的规模。一个社群，必须有部分活跃分子，他们可以给社群提供一些有趣的话题，诱发善于思考者奉献出有质量的内容，部分围观者也可能被激活，带来有深度的内容。

除此之外，要保证社群的良性运作，就必须制定相应的规章制度，设置进入门槛、社群规则。比如，“洛川苹果实验群”初期不设置进入门槛，等运营成熟后，可筛选部分优质群成员新建VIP 1群，从优质群成员中再筛选出一部分高质量群成员新建VIP 2群，或是将该群骨干成员单独新建一个微信骨干群，以便管理。

在明确管理员的基础上，还要不断完善群规。一般管理员对于违规的成员，采取的方式有：小窗提醒；公开提醒晒群规；私下警告；直接移除。如图8–14所示为管理员小窗提醒违规成员。

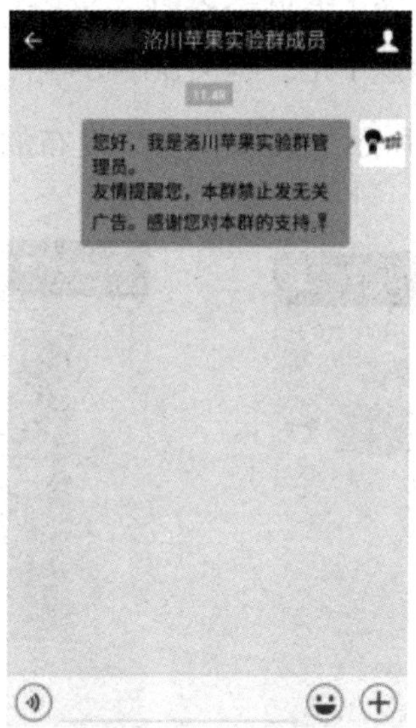

图8–14　小窗提醒示例

三、策划社群活动

社群活动是提高社群活跃度，增进社群内各成员之间关系的最佳方式，下面就结合洛川苹果VIP群活动案例对相关策划进行详细介绍。

步骤1：明确社群推广目的。

“洛川苹果实验群”在运营一段时间后，管理员从中筛选出一部分身边有资源、购买频率高的用户，再新建“洛川苹果VIP群”，通过策划该群专享优惠活动进行社群转发，产生裂变效应，以提高洛川苹果销量。同时，利用这批用户带动其身边更多的潜在用户购买产品，进一步打造品牌形象，如图8–15所示为筛选后新建的“洛川苹果VIP群”。

步骤2：确定活动主题。

明确推广目的后，就要确定推广的主题了，考虑到当前正值洛川苹果的生长时节，社群内打算向用户介绍洛川苹果的生长环境、成长历程等情况，为后期的营销做铺垫，增加洛川苹果后期促销活动的销售量。

步骤3：策划活动内容。

某网店该款洛川苹果活动价格为全国除偏远地区外满68元包邮，不同等级享有对应的优惠返利活动。该VIP群成员统一享受优惠价60元，并且宣传给身边好友购买10～29箱，每箱返1元；购买30～69箱，每箱返2元；购买70～129箱，每箱返3元。如图8–16所示为卖家在群内发布的推广活动信息。

图8–15　新建“洛川苹果VIP群”示例

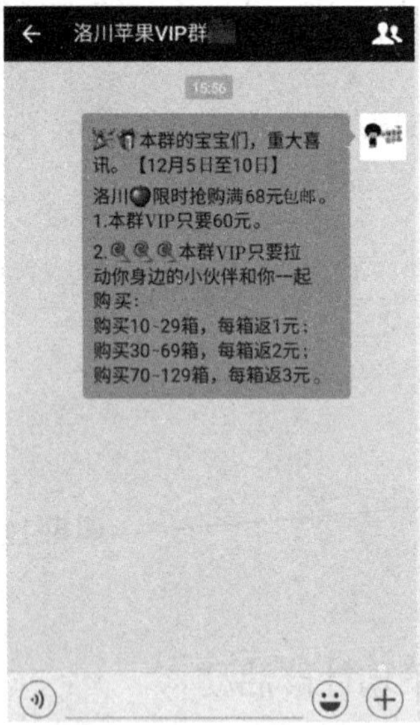

图8–16　发布推广活动信息示例

四、实施活动

在活动正式实施期，推出精致礼盒包装内含6个苹果汁38元，全国除偏远地区外包邮。对于该群购买件数第一名奖励现金499元，第二名奖励现金299元，第三名奖励现金199元，激励该群成员大力推广转发该店产品。

活动实施期的重点是通过不断增加的用户和销量，让那些观望的潜在用户购买、让已经购买的用户复购、让该社群成员找到信心和激情。如图8-17所示为卖家在活动期间为了激励群成员发送的每日销量统计信息。

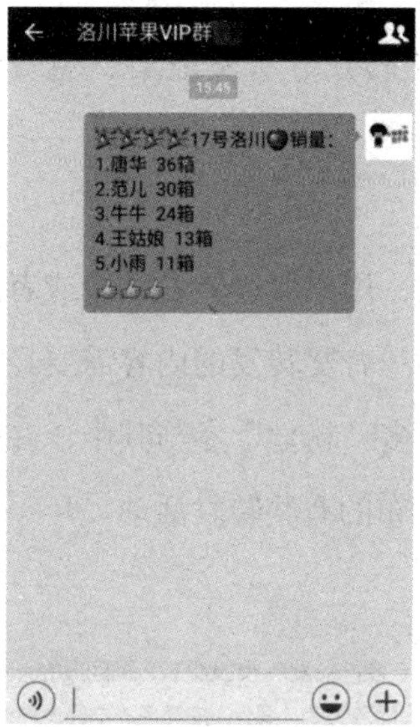

图8-17 每日销量统计信息示例

该社群活动实施时，需要注意为该群所有成员解读本次活动规则和推广术语、产品介绍等，最好是在活动前举办一次活动规则的群说明，并为不理解规则的成员进行单独讲解。同时由于活动力度加大，活动期间客流量变大，需要提前安排好客服、打包、发货、售后等人员的工作。

任务三 案例总结

社群活动结束后，对该群成员的购买结果进行统计，按之前制定的规则分发奖励。为了让群成员更加重视此次活动，还可以举行颁奖活动，在群内公布奖励名单及奖品等，授予获得奖励的成员某个职位或达人名号等，让成员更有参与感与归属感。

同时也应全面总结本次活动的效果，如活动预热期/正式期流量、用户评价、该群成员参与积极度等，以便更好地开展下次活动。

知识拓展

一、常见的微博活动

常见的微博活动有有奖转发、有奖征集、免费试用、预约购买、限时抢、预约报名等。

1.有奖转发

博主发起有奖转发活动，用户通过转发微博或者链接到微博、微信等指定位置，就有机会获得相应奖品。有奖转发的内容需要经过微博平台审核，如果奖品设计得有吸引力，会吸引很多"粉丝"参与其中，在短时间内产生轰动效应，如图8–18为微博某企业账号发布的有奖转发活动。

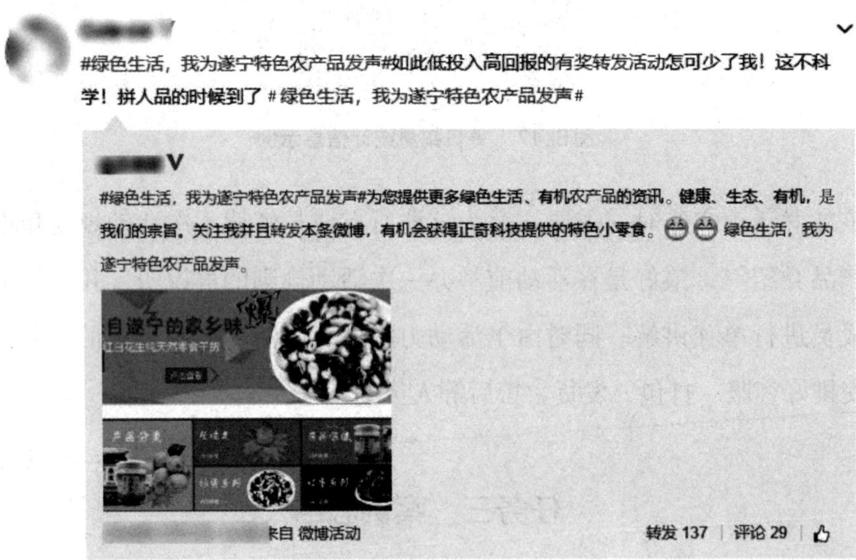

图8–18　有奖转发活动示例

2.有奖征集

有奖征集活动由博主发起，以赢取奖品形式鼓励"粉丝"发布相关内容，参与作品征集，在活动结束后，根据作品评选规则公布中奖名单。这种活动，只要满足博主条件的都可参与其中，如图8–19所示为微博某账号发布的有奖征集活动。

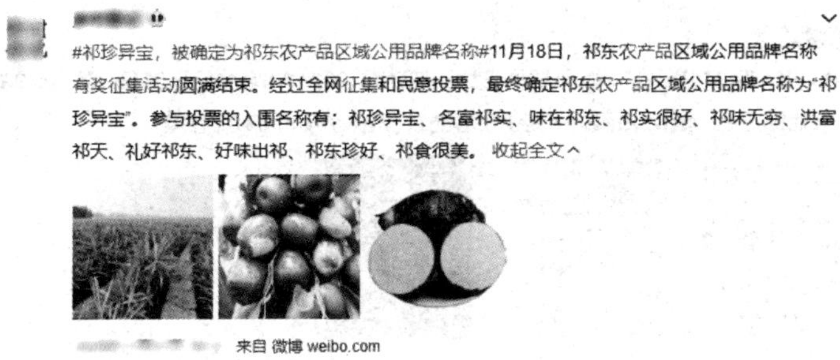

图8–19　有奖征集活动示例

3. 免费试用

免费试用活动多用于新产品的推广和宣传，通过提供免费试用产品来吸引"粉丝"，目的是第一时间获取产品在市场上的反馈。在活动中，粉丝可以提出试用申请，由博主筛选名单并公布试用人员信息，如图8–20为某免费试吃活动。

图8–20　免费试用活动示例

4. 预约购买

预约购买活动是由博主发起的免费或者收费的提前预约购买产品活动，具备购买资格的用户申请后，博主通过审核便可具备抢购机会，如图8–21为某产品的预约购买活动。

5. 限时抢

限时抢活动多用于产品的促销，是由博主发起并设置活动的起止时间，以极高的折扣或极低的价格吸引"粉丝"点击链接进行购买。此种活动相比于以上几种活动，方式更加具有趣味性，"粉丝"参与的积极性会更高，如图8–22所示为某企业账号发起的限时抢活动。

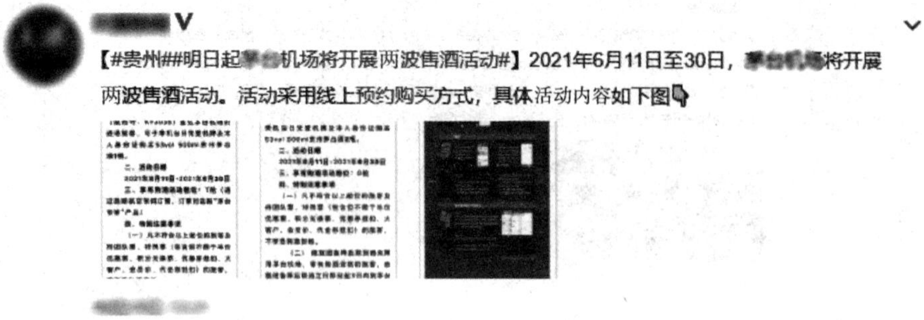

图8-21　预约购买活动示例

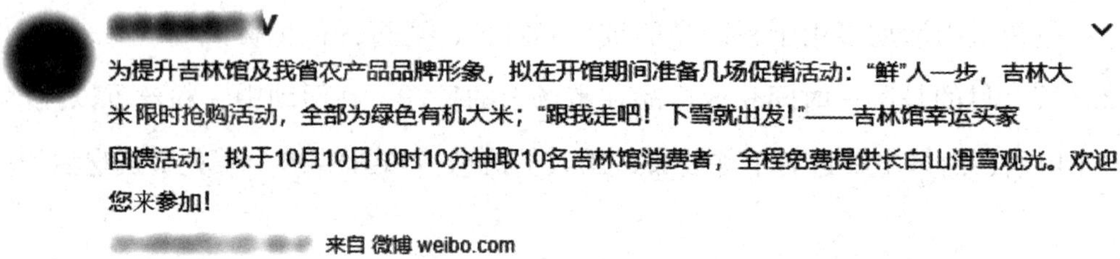

图8-22　限时抢活动示例

6.预约报名

预约报名活动与预约购买、免费试用活动类似，是指由博主发起极具趣味的活动并设置好活动的内容日期、时间等信息，用户点击网页链接进行活动的报名预约，积极参与，如图8-23所示为某博主发起的预约报名活动。

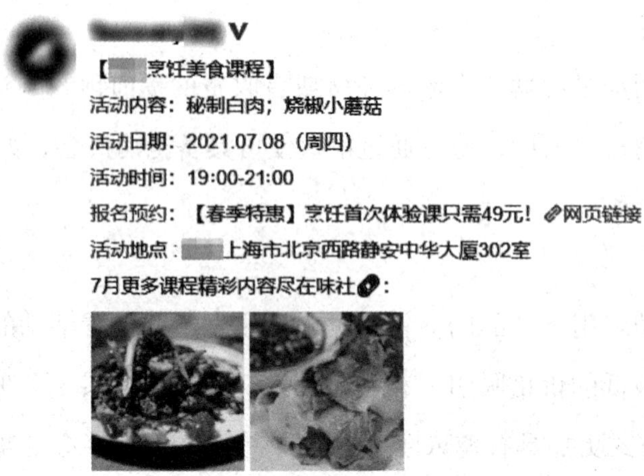

图8-23　预约报名活动示例

二、微信公众号软文写作技巧

（一）标题编写技巧

标题的好坏直接决定了读者是否愿意阅读正文。标题的编写要让读者感觉到新鲜、震撼、有趣味、有贴近感。在进行标题编写时可以参考以下几种小技巧：

1.直奔主题

标题直接点明文章的内容，省去多余修饰，一目了然，能让读者迅速地抓住信息点，如“寻味龙眼，天池秘境，洞潜探秘……立秋之后这样玩，跟着节气游广西！”“广西登丰粮油——厨房里的‘美食家’”等。

2.利用热点

标题要与热点结合，利用热点往往能引起读者的共鸣，更容易激发读者的阅读兴趣，如“‘美貌与智慧并存！’冬奥会上惊艳世界的中国制造”“疫情偷走了我们的两年，给我们带来了什么？”等。

3.语出惊人

标题别具一格，破除常规，具有颠覆性，制造新奇与轰动性，能迅速吸引读者。另外，标题加上感叹号、问号，更能带来震撼效果，引人关注。比如“这些事，丝毫不能放松！”“今晚！今晚！就在今晚！”等标题。

4.设置悬念

设置悬念就是指文章的标题要设置读者关注或能引起读者关注的问题，勾起读者的好奇心，如“据说这张图每个人看到的都不一样，你看出了什么？”“那些你曾羡慕的人，其实……”等。

5.使用流行语

一般来说，流行语的覆盖面比较广，用来作为标题更容易引起广泛传播。用流行语作标题，一来可以点明主题，二来能够抓人眼球，如“‘车虫’领着超载大货车畅行，又是谁在养虫？”等。

目前碎片化的阅读习惯使得读者不太愿意去阅读一个很长的标题。所以标题应尽量简短，字数通常要在10字左右。

（二）正文写作技巧

微信公众号的核心是文章的内容，内容质量好，就能吸引更多的读者。文章的内容写作可以从以下几个方面着手：

1. 主题

文章有了明确的主题，能形成更清晰的文章脉络，让读者更能理解文章的内涵。因此，在写文章时，要明确文章的主题，如美食主题、旅游主题等。

2. 正文

通常，正文不能太长，文章的开头最好能点明主旨，精彩的开头能吸引读者继续阅读下去。可以通过激发读者的好奇心、展现重要性和价值或者运用读者思维，展示文章与读者的关联等方式撰写文章的开头。文章的结尾要有力度与深度，可以通过引起共鸣、强化价值或制造话题等技巧结尾。

3. 亮点

一篇文章要有亮点，才能吸引读者。文章要体现亮点，就需要契合读者的心理需求，公众号可以结合时事热点和读者的反馈进行消息推送。

4. 风格

公众号的读者不同，那么文章的内容也应该不同。如果读者需要的是实用性比较强的信息，那么文章的风格可以是促销互动型，能给读者带来更多实惠；如果读者需要的是知识性比较强的信息，那么文章的风格应该是专业知识型，能让读者了解更多知识；如果读者需要的是带有感情色彩的信息，那么文章应该是文艺小资型，让读者更加放松。因此，要结合用户需求，确定文章的风格。

（三）封面图设计技巧

封面图是对文章主题的图示化展示，可以快速吸引读者，使其产生阅读兴趣。封面图片配得好不仅可以激发读者的阅读欲望，还能锻炼编者的审美品位和习惯。在挑选封面图片时，一定要选择背景干净，重点突出的图片，大品牌可以发挥品牌优势，直接使用品牌的商品图、外景图等作为封面图。同时还可以自行设计一些风格统一、符合微信公众号定位的原创图片。

微信所规定的图文封面尺寸为宽度900像素、高度500像素。因此在为公众号内容的封面配图时，一定要合乎标准。

封面上的核心元素要处于居中的位置，这样一来分享到朋友圈的内容会自动选取图片中间的正方形部分，呈现其核心内容。

（四）摘要写作技巧

在编辑图文消息时，在页面的最下端有一个撰写摘要的部分，这对于运营者推送的消息非常重要，因为发布消息后，摘要内容会直接出现在推送信息中。

摘要尽量简洁明了，如果摘要写得好，不仅能够激发读者对文章的兴趣，还能够激发读者二次阅读的兴趣，为公众号带来更多流量。

微信运营者在编辑文章内容时，如果没有选择填写摘要，系统就会默认抓取文章的前54个字作为文章的摘要。

三、社群裂变的技巧

社群裂变是社群营销中非常重要的部分，社群的裂变决定着社群的规模，规模越大，社群所带来的效果也越大。下面我们一起来学习如何从小社群裂变成大社群?

（一）保持社群活跃度

①社群活跃度是检验社群好与坏的第一个标准。社群成员积极参与社群活动，保持群内的活动热度，才能吸引更多正能量的人进群，让社群规模发展得更大。

②有一个社群的根据地。一个好的社群一定有一个固定的根据地。这个根据地除了社群之外，还有一点就是微信公众号，这样会方便后期社群成员的分享和回顾。

③保持社群成员之间良好的关系。很多的传统行业在将产品或者服务销售出去之后就很少跟用户产生持续的联系了，这正是造成传统企业在转型互联网平台时的痛苦和无奈。因此，建议社群跟社群成员之间要建立良好的关系，不断地互动和交流。

（二）高质量的分享会

一般，社群保持活跃度的方式是邀请行业内部“大咖”到群内做分享活动，一场成功的社群分享会需要做好如下几条准备。

1.提前预热

一场好的活动一定要提前预热，将活动传播到受众人群中，让活动更加完美地展示出来。预热方式包括微信朋友圈、微信公众号、微博、平台活动发布等。一定要反复地发布和传播活动信息，送达更多的人。

2.制定规则，提前暖场

为了有好的分享氛围，社群需要在最初就把规则制定出来，如发言规则、进群规则、提问规则等。活动开始后一切行为都要按照最初制定的社群行为规则进行。

3.合理规划分享形式

分享会主要形式有语音分享、图片/视频+文字分享两种，将所要讲述的问题用语音、图片/视频+文字的形式发送到群里，这样也便于总结。

4.刺激互动，交流分享

活动讲解的过程中需要安排几个用于分享会交流互动的环节，比如，讲解完一个问题后可以设置一个环节用来提问和答疑。

5.总结分析，提供福利

活动分享结束之后要学会分享这次活动所带来的收益，同时要设置好活动分享奖励，分享到朋友圈、微信、微博，让用户了解可以享受到的福利，这有利于活动的传播，也为下一次活动的顺利进行打下良好基础。

（三）线上到线下的分享

1.大型聚会

社群的线下聚会往往举办的频次不会太高，主要是较大规模或者较高等级的会议，这种会议可以激发团队的荣誉感，使社群成员产生更好的社群黏性。

2.核心团队小范围聚会

核心成员的聚会也就是社群内部管理成员的聚会，可以分享工作中遇到的问题、管理经验、互通心得等。

3.周期性社群成员线下分享会议

周期性社群成员线下分享会议邀请的是全体社群成员，主要是线上线下相结合来加深导入产品，例如微商营销农产品代理大会主要就是把从线上培训会议的用户导入线下分享大会，这样可以更好地面对面介绍微商营销农产品的技巧和方法，更好地转化用户。

（四）社群的活动形成品牌

品牌持续化的积累能形成长效的追随效应，从而获得一批忠实的用户。

1.针对用户真正的需求开展线下活动

开展活动之前一定要多思考多考察目标用户的真正需求是什么，然后针对用户的需求开展活动。

2.做好时间节点的运营规划

在筹备期、策划期、宣传期、进行期、复盘期等，每个时间节点的控制统筹都要做好专人专案。

3.做好线下沙龙团队分工

外联组负责场地管理、邀请嘉宾；活动支持组引导用户到场签到、PPT播放、拍摄、主持等；线上工作组统筹线下活动的宏观方向、开拓资源、方案把控等。

4.内容引爆

活动处于报名期时，在对用户传达活动举办目的、活动性质、内容的过程中，需要做到准确且有吸引力，这样能直接影响线上报名的数量和传播的效率。

5.渠道引爆

流量和KOL（关键意见领袖）的引流，能够提高线下内容在线上的传播效率和影响力。可以在各大平台（微信、微博等）、媒体一起曝光。

6.运营引爆

通过运营使参加活动的用户产生品牌黏性，信赖并且真切地感受到从活动中学到了自己想要学习或了解的知识。

课程思政

为推进“十四五”时期农业农村信息化加快发展，更好支撑农业农村现代化和乡村全面振兴，农业农村部印发《“十四五”全国农业农村信息化发展规划》（以下简称《规划》），明确到2025年，农业农村信息化发展水平明显提升，现代信息技术与农业农村各领域各环节深度融合，支撑农业农村现代化的能力显著增强。

《规划》具体包括四个方面目标。

一是智慧农业迈上新台阶，农业生产信息化率达到27%，农产品年网络零售额超过8000亿元，建设100个国家数字农业创新应用基地，认定200个农业农村信息化示范基地。

二是农业农村大数据体系基本建立，建成国家农业农村大数据平台，基本形成农业农村数据资源“一张图”，大数据应用场景不断丰富，数据要素价值逐步显现。

三是数字乡村建设取得重要进展，数字化成为完善乡村治理的重要手段，“互联网＋政务服务”进一步向乡村延伸，农村信息服务体系不断健全，农民数字化素养大幅提升。

四是信息化创新能力显著增强，农业农村信息化创新体系进一步健全，自主创新能力不断提升，关键核心技术与产品取得新突破，建成60个以上国家数字农业农村创新中心、分中心和重点实验室。

《规划》提出五个方面的重点任务。

一是发展智慧农业，提升农业生产保障能力。这是“十四五”时期农业农村信息化发展的主攻方向，重点是聚焦行业发展需求，提升农业生产效率。从智慧种业、智慧农田、智慧种植、智慧畜牧、智慧渔业、智能农机和智慧农垦七个方面进行全面突破。

二是推动全产业链数字化，提升农产品供给质量和效率。重点推进农业生产经营主体互联网融合应用，加速农产品“加工－仓储物流－电商－追溯”各环节数字化改造升级，形成农业全产业链信息流闭环。

三是夯实大数据基础，提升农业农村管理决策效能。重点建立健全农业农村数据资源体系，深入推进农业农村大数据发展应用，推动数字政务能力建设，实现用数据说话、用数据决策、用数据管理、用数据创新。

四是建设数字乡村，缩小城乡数字鸿沟。重点是强化乡村信息基础设施，推进乡村治理数字化，发展乡村信息服务，培育乡村数字经济，全面提升数字乡村发展水平。

五是强化科技创新，提升农业农村信息化支撑能力。重点是强化科技创新体系，加大关键核心技术攻关，壮大农业农村信息化产业体系。

资料来源：农业农村部门户网站，www.moa.gov.cn。

参考文献

［1］陈虎东．互联网+农村：农村电商的现状、发展和未来［M］．北京：清华大学出版社，2017．

［2］段建，安刚．移动互联网营销［M］．北京：中国铁道出版社，2016．

［3］段建．网络营销实训［M］．北京：机械工业出版社，2017．

［4］金波．农村电商模式与案例精解［M］．北京：化学工业出版社，2020．

［5］柳西波，丁菊，黄睿．农村电商［M］．北京：人民邮电出版社，2020．

［6］魏延安．农村电商——互联网+三农案例与模式［M］．北京：电子工业出版社，2017．

［7］郑舒文，吴海端，柳枝．农村电商运营实战［M］．北京：人民邮电出版社，2017．

微信扫一扫
码上就能学

试题